Guttentag'sche Sammlung
Nr. 74. Deutscher Reichsgesetze. Nr. 74.
Text-Ausgaben mit Anmerkungen.

Reichsgesetz
betreffend
Kaufmannsgerichte.

Vom 6. Juli 1904.

Text-Ausgabe mit Anmerkungen und Sachregister
von

Dr. Max Apt,
Syndikus der Ältesten der Kaufmannschaft zu Berlin.

Zweite Auflage
(unveränderter Abdruck der ersten Auflage).

Berlin 1904.
J. Guttentag, Verlagsbuchhandlung,
G. m. b. H.

Vorbemerkung zur ersten Auflage.

Das Verfahren vor den Kaufmannsgerichten hat zur Grundlage das Verfahren vor den Gewerbegerichten. Das Verfahren vor den Gewerbegerichten ist aufgebaut auf dem amtsgerichtlichen Verfahren, für letzteres wiederum bildet die Grundlage das Verfahren vor den Landgerichten. Sowohl das kaufmannsgerichtliche wie das gewerbegerichtliche Verfahren haben Besonderheiten, durch welche Bestimmungen des amtsgerichtlichen Verfahrens modifiziert werden. Das amtsgerichtliche Verfahren wiederum hat Besonderheiten, durch welche Bestimmungen des landgerichtlichen Verfahrens ersetzt werden. Das Kaufmannsgerichtsgesetz ist hiernach aus sich heraus nicht verständlich, nimmt vielmehr Bezug auf die „entsprechende" Anwendung des Gewerbegerichtsgesetzes und dieses wiederum verweist auf die „entsprechende" Anwendung des amtsgerichtlichen Verfahrens, welches seinerseits auf das landgerichtliche Verfahren zurückgeht. Erwägt man, daß das vorliegende Gesetz vorzugsweise für Nichtjuristen bestimmt ist und die Zulassung rechtskundiger Beiräte ausgeschlossen ist, so muß die Zweckmäßigkeit dieser Gesetzestechnik erheblichen Zweifeln unterliegen.

Die vorliegende Textausgabe macht den Versuch, das einschlägige Material im Zusammenhang vorzuführen.

Dem zur Zeit bei den Ältesten der Kaufmannschaft beschäftigten Gerichtsassessor Herrn Dr. Ludwig Jonas, welcher bei Bearbeitung des Materials mich unterstützt hat, sage ich auch an dieser Stelle meinen verbindlichsten Dank.

Berlin, im Juli 1904.

Max Apt.

Vorbemerkung zur zweiten Auflage.

Da nach vierzehn Tagen bereits eine neue Auflage nötig geworden ist, kann dieselbe nur in unverändertem Abdruck der ersten bestehen.

Berlin, im August 1904.

Max Apt.

Inhalt.

	Seite
Vorbemerkungen	V
Inhaltsverzeichnis	VII
Abkürzungen	VIII
Einleitung	XI

Gesetz, betreffend Kaufmannsgerichte.

Einrichtung und Zusammensetzung der Kaufmannsgerichte. §§ 1—15	1
Verfahren. §§ 16, 17	47
Gutachten und Anträge der Kaufmannsgerichte. § 18	131
Verfahren vor dem Gemeindevorsteher. § 19	132
Schlußbestimmungen. §§ 20—22	136
Sachregister	139

Abkürzungen.

A. = Anmerkung.

Abs. = Absatz.

AG. = Ausführungsgesetz.

A. M. = Anderer Meinung.

Apt = Gutachten der Ältesten der Kaufmannschaft von Berlin über Gebräuche im Handelsverkehr. Erste Folge herausgegeben von Dr. Max Apt, Berlin 1904.

BGB. = Bürgerliches Gesetzbuch für das Deutsche Reich.

CPO. = Civilprozeßordnung.

Cuno = Mugdan-Cuno, Gewerbegerichtsgesetz, 5. Aufl., bearbeitet von Cuno, Berlin 1902.

Dove-Apt = Gutachten der Ältesten der Kaufmannschaft von Berlin über Gebräuche im Handelsverkehr, herausgegeben von Heinrich Dove und Dr. Max Apt, Berlin 1899/1900.

EG. = Einführungsgesetz.

GG. = Gewerbegerichtsgesetz.

Gaupp-Stein = Die Civilprozeßordnung für das Deutsche Reich, erläutert von Gaupp, 4. Aufl., neu bearbeitet von Prof. Dr. Friedrich Stein, Leipzig 1902.

GKG. = Gerichtskostengesetz.

GS. = Gesetzessammlung.

GVG. = Gerichtsverfassungsgesetz.

HGB. = Handelsgesetzbuch.

HMBl. = Ministerialblatt für Handel und Gewerbe.

KG. = Gesetz betreffend Kaufmannsgericht.

RG. = Reichsgericht.

RGBl. = Reichsgesetzblatt.

ROHG. = Reichsoberhandelsgericht.

v. Schulz = Gewerbegerichtsgesetz, erläutert von M. v. Schulz, Berlin 1902.

Staub = Kommentar zum Handelsgesetzbuch, 6. und 7. Aufl., von Justizrat Dr. Hermann Staub, Berlin 1900.

Stenogr. Ber. = Stenographische Berichte des Reichstags.

Struckmann-Koch = Kommentar zur Civilprozeßordnung, von Struckmann und Koch, 7. Aufl. 1900.

Wilhelmi-Bewer = Kommentar zum Gewerbegerichtsgesetz, 2. Aufl., von Wilhelmi u. Bewer, Berlin 1903.

Einleitung.

Bereits bei Beratung des Gesetzentwurfes zu einem Gesetze betr. die Gewerbegerichte von 1890 (Drucksachen Nr. 5) hat die sozialdemokratische Fraktion im Reichstage zu § 2 den Antrag gestellt,[1]) den Wortlaut desselben dahin zu fassen:

Als Arbeiter im Sinne des Gesetzes gilt das gesamte gewerbliche und kaufmännische Hilfspersonal, einschließlich der Lehrlinge.

Unter Ablehnung dieses Antrages erhielt § 81 des Gewerbegerichtsgesetzes folgende Fassung:

Die Bestimmungen dieses Gesetzes finden keine Anwendung auf Gehilfen und Lehrlinge in Apotheken und Handelsgeschäften.

Der einmal angeregte Gedanke, auch für die Handlungsgehilfen zu Einrichtungen zu gelangen, welche es ermöglichen, Streitigkeiten aus dem Dienstverhältnisse vor einem durch sachkundige Beisitzer aus den Kreisen der Arbeitgeber und Arbeitnehmer verstärkten Gericht in einem schleunigen und billigen Verfahren zum Austrag zu bringen, wurde von der Organisation der Handlungsgehilfenschaft,

---

[1]) Auer und Genossen.

insbesondere von dem deutschen Verbande kaufmännischer Vereine zu Frankfurt a. Main und dem Generalrat des Vereins deutscher Kaufleute, aufgegriffen. Die durch diese Vereine hervorgerufene große Bewegung zu Gunsten der Errichtung von sogenannten kaufmännischen Schiedsgerichten veranlaßte den Reichskanzler, ein Rundschreiben an die verbündeten Regierungen zu erlassen, welche ihrerseits die organisierten Gesamtvertretungen des Handelsstandes zu gutachtlichen Äußerungen darüber aufforderten, ob ein Bedürfnis für kaufmännische Schiedsgerichte überhaupt vorliege und bejahendenfalls über die zweckmäßigste Einrichtung derartiger Gerichte. Aus den eingehenden Gutachten der Handelsvertretungen ließen sich drei Strömungen erkennen. Ein Teil von ihnen verneinte das Bedürfnis nach Schiedsgerichten zwischen Geschäftsinhabern und ihren Angestellten und sprach sich darum gegen deren Errichtung aus. Ein anderer Teil erkannte ein solches Bedürfnis gleichfalls nicht an, erklärte aber, der Einrichtung nicht völlig ablehnend gegenüber zu stehen. Eine dritte Gruppe befürwortete die Verwirklichung der geplanten Neueinrichtung.[1]) Der deutsche Reichstag nahm bei Gelegenheit der dritten Lesung des Entwurfs zum neuen Handelsgesetzbuch im Plenum dadurch zu dieser neuen Forderung Stellung, daß

[1]) Nähere Nachweise hierüber bei Riesenfeld: Kaufmännische Schiedsgerichte, Berlin 1896.

er nach dem Vorschlage einer Kommission am 7. April 1897 eine Resolution faßte:[1])

Die verbündeten Regierungen zu ersuchen, baldtunlichst die Vorlegung eines Gesetzentwurfs zu veranlassen, wonach zur Entscheidung von Streitigkeiten zwischen Prinzipalen einerseits und Handlungsgehilfen und Lehrlingen andererseits kaufmännische Schiedsgerichte errichtet werden.

In betracht kommen ferner folgende Anträge Auer und Genossen:

a) (Reichstagsdrucks. 94/95 Nr. 46).

Der Reichstag wolle beschließen, die verbündeten Regierungen zu ersuchen, dem Reichstage noch im Laufe dieser Session einen Gesetzentwurf vorzulegen, wonach die Zuständigkeit der Gewerbegerichte auf die Entscheidungen von gewerblichen Streitigkeiten zwischen Handlungsgehilfen und -Lehrlingen einerseits und ihren Prinzipalen andererseits ausgedehnt und das Gesetz betr. die Gewerbegerichte vom 29. Juli 1890 (RGBl. 1890 S. 141—162) dahin abgeändert wird, daß weibliche Personen zur Teilnahme an den Wahlen (§ 13) berechtigt sind und zum Mitgliede eines Gewerbegerichts berufen werden können.

b) (Reichstagsdrucks. 1895/97 Nr. 50). Der Reichstag wolle beschließen:

---

[1]) Stenographische Berichte S. 5586.

Die verbündeten Regierungen zu ersuchen, dem Reichstag bis zur nächsten Session einen Gesetzentwurf vorzulegen, durch welchen

die Errichtung von Gewerbegerichten obligatorisch gemacht und deren Zuständigkeit auf die Entscheidungen von Streitigkeiten ausgedehnt wird, die aus dem Lohn-, Arbeits- und Dienstverhältnis aller im Gewerbe, Bergbau, in der Land-, Forstwirtschaft und Fischerei, im Handel und Verkehr oder als Gesinde beschäftigten Personen entstehen.

Derselbe Antrag wurde in der Session 1898/99 (Reichstagsdrucks. 1898/99) von sozialdemokratischer Seite wiederholt. In derselben Sitzungsperiode wurden noch zwei weitere Anträge, welche sich mit der Resolution von 1897 fast wörtlich deckten, und zwar der eine vom Abg. Bassermann und der andere vom Abg. Trimborn (vgl. Drucks. des Reichstags 1898/99, Nr. 55/85) gestellt. Beide Anträge wurden in der Sitzung vom 25. Jan. 1899 mit großer Mehrheit angenommen (vgl. stenograpische Berichte des Reichstages 1898/99 S. 448). Am 16. November 1900 wurde ein erneuter Antrag Bassermann u. Gen. für Errichtung besonderer Gerichte für Rechtsstreitigkeiten aus dem kaufmännischen Dienstvertrag unter Angliederung an die Amtsgerichte gestellt (vgl. Reichstagsdrucks. 1900/02, Nr. 29) und am 12. Dez. 1901 ein Antrag Raab und Gen., der mit einem vollständigen Gesetzentwurf verbunden war (vgl. Drucks. des Reichstages 1900/02, Nr. 423). Der Antrag Bassermann wurde am 29. Jan. 1902 an eine Kommission von 14 Mitgliedern überwiesen. (Sten. Ber. S. 3725.) Ein vom Reichsjustizamt ausgearbeiteter Entwurf wurde am 11. Jan. 1903 in der „Frankfurter Zeitung" veröffentlicht und gab zur eingehenden Kritik Anlaß. Ein hierauf umgearbeiteter Entwurf ging sodann dem Reichstage zu (Reichstagsdrucks. Nr. 343) und wurde in erster Lesung in Verbindung mit einem Entwurf der „Wirtschaftlichen Vereinigung" Lattmann und Gen. (Nr. 114 der Drucks.) am 20. und 21. Jan. 1904 im Plenum beraten und sodann an eine Kommission von 21 Mitgliedern verwiesen (Sten. Ber. 392 ff.). Dieser Kommission gehörten an folgende Abgeordnete: Wattendorff Vorsitzender, Dr. Hieber, Beck (Heidelberg), Brejski, Dove, Dr. Dröscher, Erzberger, Henning, Itschert, Kirsch, Lattmann, Lipinski, Dr. Müller (Meiningen), Nacken, Dr. v. Saldern, Schlüter, Dr. Semler, Singer, Stücklen, Trimborn.

Von Seiten der verbündeten Regierungen beteiligten sich an den Kommissionsberatungen:

a) Die Bevollmächtigten zum Bundesrat:

Dr. Graf von Posadowsky-Wehner, Stellvertreter des Reichskanzlers, Königlich preußischer Staatsminister, Staatssekretär des Innern,

Caspar, Direktor im Reichsamt des Innern,

Ritter v. Hermann, Königlich preußischer Staatsrat,

Ritter v. Schneider, Königlich bayerischer Ministerialrat,

Dr. Fischer, Königlich sächsischer Geheimrat mit dem Range eines Ministerialdirektors,

v. Schicker, Königlich württembergischer Präsident,

Braun, Großherzoglich badischer Geheimer Ober-Regierungsrat,

Dr Pauli, Bürgermeister der freien Hansastadt Bremen.

b) Die auf Grund des Art. 16 der Reichsverfassung vom Bundesrat ernannten besonderen Kommissare:

Delbrück, Kaiserlicher Geheimer Ober-Regierungsrat im Reichsjustizamt,

Spielhagen, Königlicher Geheimer Regierungsrat im Reichsamt des Innern,

Dr. Vierhaus, Professor, Königlich preußischer Geheimer Ober-Justizrat im Justizministerium,

Dr. Habicht, Königlich preußischer Geheimer Justizrat im Justizministerium,

v. Meyeren, Königlich preußischer Geheimer Regierungsrat im Ministerium für Handel und Gewerbe.

Die Kommission begann ihre Beratungen am 29. Jan. 1904 und beriet den Entwurf in zwei Lesungen, welche zwölf Sitzungen in Anspruch nahmen. Die Kommission erstattete durch den Abg. Dr. Hieber einen schriftlichen Bericht. Die zweite Beratung im Plenum fand vom 8. bis 10. Juni statt (§ 3009 f., 3045 f., 3064 f.), die dritte Lesung am 16. Juni 1904 (Sten. Ber. 3227 ff.). Der Kaiser vollzog das Gesetz nach Zustimmung des Bundesrats am 6. Juli, die Veröffentlichung im Reichsgesetzblatt fand am 14. Juli 1904, RGBl. Nr. 30 S. 266 ff. statt. Hinsichtlich der Organisation der Kaufmannsgerichte kamen zwei Wege in Frage: Anlehnung an die Amtsgerichte oder Benutzung der gewerbegerichtlichen Organisation. Die der Anlehnung an die Amtsgerichte entgegenstehenden Bedenken erwiesen sich jedoch nach der Begründung so groß, daß dieser Plan nicht weiter verfolgt werden konnte. Bei einer derartigen Einrichtung würde, wie die Motive ausführen, die Frage einer Umgestaltung des ganzen amtsgerichtlichen Verfahrens aufgerollt werden. Dies empfahl sich schon um deswillen nicht, weil die Erörterung einer so weitgehenden Reform die Erledigung der Frage eines vereinfachten Verfahrens für die Handlungsgehilfen unter Umständen erheblich verzögert haben würde. Hiernach erschien es angezeigt, die bestehende gewerbegerichtliche Organisation für die beabsichtigte Neueinrichtung heranzuziehen. Dabei ist aber nicht eine Unterstellung der Handlungsgehilfen unter die Gewerbegerichte angenommen worden, vielmehr sind die Kaufmannsgerichte nur durch die Person des Vorsitzenden und die für den Geschäftsverkehr erforderlichen Einrichtungen tunlichst mit den Gewerbegerichten in Verbindung gebracht worden. Bei einer solchen Fügung werden, wie die Motive ausführen, die von den Gemeinden oder weiteren Kommunalverbänden zu tragenden Kosten der Gerichtshaltung wesentlich herabgemindert. Ferner wird die vermehrte Zahl der zur Entscheidung gelangenden Streitigkeiten die gemeinsamen Einrichtungen lebensfähiger gestalten, oft deren Schaffung erst ermöglichen. Das für die Gewerbegerichte vorgeschriebene Verfahren, das sich nach den seitherigen Erfahrungen im allgemeinen als zweckdienlich bewährt hat, kann ohne weiteres auf die Streitigkeiten aus dem kaufmännischen Dienstverhältnis übertragen werden, wobei dann die die Regel bildende Einheit der Person des Vorsitzenden eine gleichmäßige Handhabung der Verfahrensvorschriften gewährleistet, und die Gewöhnung des Personals der Gewerbegerichte an einen raschen Geschäftsgang auch den kaufmännischen Parteien zu gute kommen wird. Die Grundzüge des Kaufmannsgerichtsgesetzes sind folgende:

Die Errichtung der Kaufmannsgerichte ist obligatorisch für Gemeinden, welche nach der jeweilig letzten Volkszählung mehr als 20 000 Einwohner haben.

In anderen Gemeinden können Kaufmannsgerichte errichtet werden. Die Errichtung erfolgt durch Ortsstatut, welches von der höheren Verwaltungsbehörde zu genehmigen ist. In bestimmten Fällen kann die Landeszentralbehörde die Errichtung eines Kaufmannsgerichts anordnen.

Handlungsgehilfen, deren Jahresarbeitsverdienst an Lohn oder Gehalt den Betrag von 5000 Mark übersteigt, sowie die in Apotheken beschäftigten Gehilfen oder Lehrlinge unterstehen nicht der Zuständigkeit des Kaufmannsgerichts.

Durch die Zuständigkeit eines Kaufmannsgerichts wird die Zuständigkeit der ordentlichen Gerichte ausgeschlossen. Vereinbarungen, durch welche der Entscheidung des Kaufmannsgerichts künftige Streitigkeiten, welche zu seiner Zuständigkeit gehören, entzogen werden, sind nichtig. Die Kosten der Einrichtung und Unterhaltung der Gerichte sind, soweit sie in dessen Einnahmen ihre Deckung nicht finden, von der Gemeinde oder dem weiteren Kommunalverbande zu tragen. Für jedes Kaufmannsgericht sind ein Vorsitzender und mindestens ein Stellvertreter desselben, sowie die erforderliche Zahl von Beisitzern zu berufen. Die Zahl der Beisitzer soll mindestens vier betragen. Zum Mitglied eines Kaufmannsgerichts können nicht berufen werden:

1. Personen weiblichen Geschlechts;
2. Ausländer;

3. Personen, welche die Fähigkeit zur Bekleidung öffentlicher Ämter infolge strafgerichtlicher Verurteilung verloren haben;
4. Personen, gegen welche das Hauptverfahren wegen eines Verbrechens oder Vergehens eröffnet ist, das die Aberkennung der bürgerlichen Ehrenrechte oder der Fähigkeit zur Bekleidung öffentlicher Ämter zur Folge haben kann;
5. Personen, welche infolge gerichtlicher Anordnung in der Verfügung über ihr Vermögen beschränkt sind.

Zum Mitglied eines Kaufmannsgerichts soll nur berufen werden, wer das dreißigste Lebensjahr vollendet und in dem der Wahl vorangegangenen Jahre für sich oder seine Familie Armenunterstützung aus öffentlichen Mitteln nicht empfangen oder die empfangene Armenunterstützung erstattet hat. Zum Beisitzer soll nur berufen werden, wer im Bezirk des Gerichts seit mindestens zwei Jahren seine Handelsniederlassung hat oder beschäftigt ist. Als Vorsitzender und Stellvertreter sollen Personen gewählt werden, welche die Fähigkeit zum Richteramt erlangt haben; in zweiter Linie sollen Personen gewählt werden, welche die Fähigkeit zum höheren Verwaltungsdienst besitzen. Ausnahmen kann die höhere Verwaltungsbehörde zulassen. Der Vorsitzende oder dessen Stellvertreter dürfen weder Kaufleute noch Handlungsgehilfen sein. Die Wahl der Beisitzer ist unmittelbar und geheim, sie findet nach den Grundsätzen der Verhältniswahl statt, derart, daß neben der Mehrheitsgruppe auch die Minderheitsgruppe entsprechend ihrer Zahl vertreten sind. Hierbei kann die Stimmenabgabe auf Vorschlagslisten beschränkt werden, die bis zu einem im Statut festgesetzten Zeitpunkte vor der Wahl einzureichen sind. Zur Teilnahme an den Wahlen ist berechtigt, wer das 25. Lebensjahr vollendet hat und in dem Bezirk des Kaufmannsgerichts seine Handelsniederlassung hat oder beschäftigt ist. Personen weiblichen Geschlechts sind zur Teilnahme an den Wahlen nicht berechtigt. Die Beisitzer, welche die Übernahme des Amtes nur aus bestimmten Gründen ablehnen dürfen, erhalten Vergütung für Reisekosten und Zeitversäumnis. Ein Mitglied des Kaufmannsgerichts, welches seine Amtspflicht gröblich verletzt, kann im Wege des Strafprozesses seines Amtes entsetzt werden. Auf das Verfahren vor den Kaufmannsgerichten finden die Vorschriften des Gewerbegerichtsgesetzes mit der Maßgabe entsprechende Anwendung, daß die Berufung gegen die Urteile der Kaufmannsgerichte nur zulässig ist, wenn der Wert des Streitgegenstandes den Betrag von 300 Mark übersteigt. Das Verfahren vor den Gewerbegerichten entspricht im wesentlichen den für das amtsgerichtliche Verfahren geltenden Vorschriften.

Insbesondere ist der Grundsatz durchgeführt, daß der Betrieb des Rechtsstreits nicht den Parteien, sondern den Gerichten obliegt und daher Ladung und Zustellung regelmäßig von Amts wegen erfolgen. Zuständig ist das Kaufmannsgericht, in dessen Bezirk die streitige Verpflichtung zu erfüllen ist oder die kaufmännische Niederlassung des Arbeitgebers sich befindet oder beide Parteien ihren Wohnsitz haben. Der erste Termin kann ohne Zuziehung der Beisitzer abgehalten werden. Beim Ausbleiben einer Partei ergeht dann auf Antrag ein Versäumnisurteil; erscheinen beide Parteien, so darf eine Entscheidung nur ergehen, wenn dieselbe sofort erfolgen kann und beide Parteien sie beantragen. Andernfalls ist die Verhandlung vor das vollbesetzte Kaufmannsgericht zu verweisen. Die Vertretung der Parteien durch Rechtsanwälte und Personen, welche das Verhandeln vor Gericht geschäftsmäßig betreiben, ist unzulässig. Dem Kaufmannsgericht steht die Befugnis zur Abnahme von Parteieiden sowie zur eidlichen Vernehmung von Zeugen und Sachverständigen zu. Die Beeidigung der Zeugen und Sachverständigen erfolgt nur, wenn das Gericht die Beeidigung zur Herbeiführung einer wahrheitsgemäßen Aufklärung der Sache für notwendig erachtet oder wenn eine Partei dieselbe beantragt. Gegen Versäumnisurteile ist binnen der Notfrist von drei Tagen der Einspruch zulässig. Ein durch rechtskräftiges Endurteil des Kaufmannsgerichts geschlossenes Verfahren kann durch die Nichtigkeits- und Restitutionsklage wieder aufgenommen werden. Die der Berufung oder dem Einspruch unterliegenden Endurteile sind von Amts wegen für vollstreckbar zu erklären, wenn der Gegenstand der Verurteilung an Geld oder Geldeswert den Betrag von 300 Mark nicht übersteigt, sowie stets wenn sie den Antritt, die Fortsetzung oder die Auflösung des Dienst- oder Lehrverhältnisses, sowie die Aushändigung oder den Inhalt des Zeugnisses betreffen. Die Vollstreckung der Endurteile und Vergleiche erfolgt in derselben Weise wie im amtsgerichtlichen Verfahren. Für die Verhandlung des Rechtsstreits vor dem Kaufmannsgericht wird eine einmalige Gebühr nach dem Wert des Streitgegenstandes erhoben, daneben kommen bare Auslagen in Ansatz, jedoch nicht für Zustellung und Schreibgebühren.

Das Kaufmannsgericht dient nicht nur zur Entscheidung von Streitigkeiten aus dem Dienst- und Lehrverhältnis zwischen Kaufleuten und ihren Handlungsgehilfen oder Handlungslehrlingen, vielmehr hat es zwei weitere Aufgaben. Es kann bei Streitigkeiten zwischen Kaufleuten und Handlungsgehilfen oder Handlungslehrlingen über Bestimmungen der Fortsetzung oder Wiederaufnahme des Dienst- oder Lehrverhältnisses als Einigungsamt angerufen werden; endlich ist das Kaufmannsgericht verpflichtet, auf Ansuchen von Staatsbehörden oder des Vorstandes des Zentralverbandes, für welchen es errichtet ist, Gutachten über Fragen abzugeben, welche das kaufmännische Dienst- oder Lehrverhältnis betreffen.

Das Kaufmannsgericht ist berechtigt, in den bezeichneten Fragen Anträge an Behörden, an Vertretungen von Zentralverbänden und an die gesetzgebenden Körperschaften der Bundesstaaten oder des Reiches zu richten. Ist ein zuständiges Kaufmannsgericht nicht vorhanden, so kann bei Streitigkeiten der im § 5 Abs. 1 Nr. 1 u. 5 bezeichneten Art jede Partei die vorläufige Entscheidung durch den Vorsteher der Gemeinde (Bürgermeister, Schultheiß, Ortsvorsteher usw.) nachsuchen. Andererseits kann die Landeszentralbehörde anordnen, daß in Bezirken, für welche zur Entscheidung gewerblicher Streitigkeiten auf Grund der Landesgesetze Gewerbegerichte bestehen (§ 85 des G.G.G.), die für diese Gewerbegerichte geltenden besonderen Vorschriften über die Bildung von Vergleichskammern oder Vergleichsämtern und über das Verfahren vor denselben auch auf die Kaufmannsgerichte Anwendung finden. Das vorstehende Gesetz tritt, soweit es sich auf die Herstellung der zu seiner Durchführung erforderlichen Einrichtungen bezieht, mit dem Tage der Verkündung, im übrigen mit dem 1. Januar 1905 in Kraft. Im Zusammenhang mit der Annahme des Kaufmannsgerichtsgesetzes ist am 10. Juni 1904 folgende Resolution vom Reichstage beschlossen worden (Sten. Ber. S. 3089):

> Den Herrn Reichskanzler zu ersuchen, unverzüglich eine Reform des Zivilprozeßverfahrens in die Wege zu leiten, durch welche allgemein, insbesondere aber für die zur Zuständigkeit der Amtsgerichte gehörigen Rechtsstreitigkeiten ein den Gesichtspunkten der Beschleunigung und Verbilligung der Rechtspflege entsprechendes Verfahren eingeführt wird.

Mögen die verbündeten Regierungen nicht zögern, diesem Ersuchen des Reichstages Folge zu geben, da nur durch die bezeichnete Reform des amtsgerichtlichen Verfahrens der beklagenswerten Zersplitterung des ordentlichen Gerichtsverfahrens wirksam entgegengetreten werden kann.

Gesetz,

betreffend

Kaufmannsgerichte.

Vom 6. Juli 1904.

(Reichs-Gesetzbl. 1904 Nr. 30 S. 266—272.)

Wir Wilhelm, von Gottes Gnaden Deutscher Kaiser, König von Preußen &c.

verordnen im Namen des Reichs, nach erfolgter Zustimmung des Bundesrats und des Reichstags, was folgt:

Errichtung und Zusammensetzung der Kaufmannsgerichte.

§ 1.

Zur Entscheidung von Streitigkeiten aus dem Dienst- oder Lehrverhältnisse zwischen Kaufleuten einerseits und ihren Handlungsgehilfen oder Handlungslehrlingen andererseits können bei vorhandenem Bedürfnisse Kaufmannsgerichte errichtet werden.

Die Errichtung erfolgt für den Bezirk einer Gemeinde durch Ortsstatut nach Maßgabe des § 142 der Gewerbeordnung. Die Entscheidung der höheren Verwaltungsbehörde über die Genehmigung des Statuts ist binnen sechs Monaten zu erteilen. Die Entscheidung, durch welche die Genehmigung versagt wird, muß mit Gründen versehen sein.

Mehrere Gemeinden können sich durch übereinstimmende Ortsstatuten zur Errichtung eines gemeinsamen Kaufmannsgerichts für ihre Bezirke vereinigen. Für die Genehmigung der übereinstimmenden Ortsstatute ist die höhere Verwaltungsbehörde zuständig, in deren Bezirke das Kaufmannsgericht seinen Sitz haben soll.

Auch für den Bezirk eines weiteren Kommunalverbandes kann ein Kaufmannsgericht errichtet werden. Die Errichtung erfolgt in diesem Falle nach Maßgabe der Vorschriften, nach welchen Angelegenheiten des Verbandes statutarisch geregelt werden. Die Zuständigkeit eines solchen Gerichts ist ausgeschlossen, soweit die Zuständigkeit eines für eine oder mehrere Gemeinden des Bezirkes bestehenden oder später errichteten Kaufmannsgerichts begründet ist.

Die Landes-Zentralbehörde kann auf Antrag beteiligter Kaufleute oder Handlungsgehilfen die Errichtung anordnen, wenn ungeachtet einer von ihr an die beteiligten Gemeinden oder den weiteren Kommunalverband ergangenen Aufforderung innerhalb der gesetzten Frist die Errichtung auf dem in Abs. 2 bis 4 vorgesehenen Wege nicht erfolgt ist. Alle Bestimmungen, welche dieses Gesetz dem Statute vorbehält,

erfolgen in diesem Falle durch Anordnung der Landes-Zentralbehörde.

Vor der Errichtung sind sowohl Kaufleute als Handlungsgehilfen des Bezirkes in entsprechender Anzahl zu hören.

E. § 1, Begr. 6/10, Komm.Ber. 1/6, Sten. Ber. S. 392 f., 3009 f., 3045 f., 3227 ff.

1. Außer der Entscheidung von Streitigkeiten aus dem Dienst- oder Lehrverhältnis zwischen Kaufleuten einerseits und ihren Handlungsgehilfen oder Handlungslehrlingen andererseits haben die Kaufmannsgerichte noch folgende Aufgaben:

a) sie können als Einigungsamt angerufen werden bei Streitigkeiten zwischen Kaufleuten und Handlungsgehilfen oder Handlungslehrlingen über die Bedingungen der Fortsetzung oder Wiederaufnahme des Dienst- oder Lehrverhältnisses (§ 17);

b) sie sind verpflichtet, auf Ansuchen von Staatsbehörden oder des Vorstandes des Kommunalverbandes, für welchen sie errichtet sind, Gutachten über Fragen abzugeben, welche das kaufmännische Dienst- oder Lehrverhältnis betreffen (§ 18 Abs. 1);

sie sind berechtigt, in den bezeichneten Fragen Anträge an Behörden, an Vertretungen von Kommunalverbänden und an die gesetzgebenden Körperschaften der Bundesstaaten oder des Reichs zu richten (§ 18 Abs. 2).

2. Die Kaufmannsgerichte können errichtet werden:

a) für den Bezirk einer Gemeinde (§ 1 Abs. 2);

b) für mehrere Gemeinden gemeinsam (gemeinsames Kaufmannsgericht, § 1 Abs. 3);

c) für den Bezirk eines weiteren Kommunalverbands (§ 1 Abs. 4).

3. Die **Grundlage der Errichtung** bildet

a) Statut der beteiligten Gemeinde- oder Kommunalverbände (§ 1 Abs. 2, 3, 4).

b) Anordnung der Landeszentralbehörde, und zwar

α) auf Antrag beteiligter Kaufleute oder Handlungsgehilfen (§ 1 Abs. 5);

β) ohne einen derartigen Antrag, im Fall die Voraussetzungen für Errichtung eines obligatorischen Kaufmannsgerichts gegeben sind (§ 2).

4. Die Kaufmannsgerichte sind ebenso wie die Gewerbegerichte staatliche Gerichte und sprechen Recht im Namen des Königs (Erklärung des Staatsministers v. Böttticher bei der Beratung des Gewerbegerichtsgesetzes, Sten. Ber. 1890 S. 423).

Die für die Gewerbegerichte erlassenen Ministerialerlasse vom 1. August 1890 (Min.Bl. für die ges. innere Verw. S. 134) finden auch auf die in Preußen errichteten Kaufmannsgerichte Anwendung, wonach die Kaufmannsgerichte als Dienstsiegel den Preußischen Adler führen und als Unterschrift den Namen des betr. Kaufmannsgerichts.

Im einzelnen ist zu bemerken:

5. Zu Abs. 1 Es handelt sich um Entscheidung von Streitigkeiten zwischen Kaufleuten einerseits und Handlungsgehilfen und Handlungslehrlingen andererseits. Die Begriffe „Kaufleute“, „Handlungsgehilfen“, „Handlungslehrlinge“ sind auf Grund des Handelsgesetzbuchs zu erläutern:

I. Kaufmann im Sinne des Handelsgesetzbuchs ist, wer ein Handelsgewerbe betreibt (§ 1 Abs. 1 HGB.). Das Handelsgesetzbuch kennt zwei Klassen von Handelsgewerbe:

1. Handelsgewerbe, welche unmittelbar dadurch begründet werden, daß jemand eine der im § 1 Abs. 2 Nr. 1—9 HGB. aufgezählten Arten von Geschäften gewerbemäßig abschließt.

2. Handelsgewerbe ist ferner jedes gewerbliche Unternehmen, auch wenn die Voraussetzungen des § 1 Abs. 2 HGB. nicht vorliegen, wenn es nach Art und Umfang einen kaufmännisch eingerichteten Geschäftsbetrieb erfordert und die Firma des Unternehmers in das Handelsregister eingetragen worden ist (§ 2 HGB.).

a) Für Klasse 1 ist maßgebend § 1 Abs. 2 l. c., welcher lautet:

„Als Handelsgewerbe gilt jeder Gewerbebetrieb, der eine der nachstehend bezeichneten Arten von Geschäften zum Gegenstande hat:

1. die Anschaffung und Weiterveräußerung von beweglichen Sachen (Waren) oder Wertpapieren, ohne Unterschied, ob die Waren unverändert oder nach einer Bearbeitung oder Verarbeitung weiter veräußert werden;
2. die Übernahme der Bearbeitung oder Verarbeitung von Waren für andere, sofern der Betrieb über den Umfang des Handwerks hinausgeht;
3. die Übernahme von Versicherungen gegen Prämie;
4. die Bankier- und Geldwechslergeschäfte;
5. die Übernahme der Beförderung von Gütern oder Reisenden zur See, die Geschäfte der Frachtführer oder der zur Beförderung von Personen zu Lande oder auf Binnengewässern bestimmten Anstalten sowie die Geschäfte der Schleppschiffahrtsunternehmer;
6. die Geschäfte der Kommissionäre, der Spediteure oder der Lagerhalter;
7. die Geschäfte der Handlungsagenten oder der Handelsmäkler;
8. die Verlagsgeschäfte sowie die sonstigen Geschäfte des Buch- oder Kunsthandels;
9. die Geschäfte der Druckereien, sofern ihr Betrieb über den Umfang des Handwerks hinausgeht.“

Das von Staub, Kommentar zu § 1 Anm. 79 gegebene alphabetische Verzeichnis der Kaufleute kraft Gewerbes wird für die Prüfung der Zuständigkeitsfrage der Kaufmannsgerichte nützlich sein und mag hier wiedergegeben werden.

Als Kaufleute sind anzusehen:

Agenten, Annoncenbureaubesitzer, Bäcker (Anm. d), Banken und Bankiers, Baugeldgeber, Büchsenmacher, Buchdrucker, Dampfwaschanstalten, Drechsler, Dreher, Droschkenunternehmer, Eisenbahnunternehmer, Eisenwerksbesitzer, Fabrikanten, Färber, Fleischer (Anm. d), Frachtführer, Friseure (wenn sie zugleich Haarartikel verkaufen), Gasanstalten, Gastwirte, Gerber (Anm. d), Glaser (Anm. d), Hoteliers (wenn sie auch Speisen verabreichen), Hutfabrikanten, Kommissionäre, Konditoren, Kunsthändler, Litographen, Lotteriekollekteure, Makler, Müller, Münzenhändler, Musikalienhändler, Omnibusbesitzer, Pferdebahnbesitzer, Photographen (wenn mehr als handwerksmäßig), Spediteure, Spinnereien, Verleger, Versicherungsgesellschaften gegen Prämien, Warenhändler, Zeitungsverleger.

b) Für Klasse 2 ist maßgebend § 2 HGB., welcher lautet:

„Ein gewerbliches Unternehmen, das nach Art und Umfang einen in kaufmännischer Weise eingerichteten Geschäftsbetrieb erfordert, gilt, auch wenn die Voraussetzungen des § 1 Abs. 2 nicht vorliegen, als Handelsgewerbe im Sinne dieses Gesetzbuchs, sofern die Firma des Unternehmers in das Handelsregister eingetragen worden ist. Der Unternehmer ist verpflichtet, die Eintragung nach den für die Eintragung kaufmännischer Firmen geltenden Vorschriften herbeizuführen."

Staub gibt hierfür folgende Beispiele: (Anm. 80 zu § 1 und Anm. 3 zu § 2).

Unter der Voraussetzung der Eintragung in das Handelsregister erwerben die Kaufmanns-Eigenschaft: ärztliche Heilanstalten, Auktionskommissare, Bauunternehmer, Bergwerksbesitzer, Einziehungsbureaus, Gesinde-Vermietungsbureaus, Grundstücksmakler, Grundstücksspekulanten, Hypothekenmakler, Leihämter, Leihbibliotheken, Steinbruchbesitzer, Theateragenturen, Versicherungsgesellschaften auf Gegenseitigkeit usw.

c) Weiterhin kommt in Betracht § 3 HGB.:

„Auf den Betrieb der Land- und Forstwirtschaft finden die Vorschriften der §§ 1, 2 keine Anwendung. Ist mit dem Betriebe der Land- oder Forstwirtschaft ein Unternehmen verbunden, das nur ein Nebengewerbe des land- oder forstwirtschaftlichen Betriebs darstellt, so findet auf dieses der § 2 mit der Maßgabe Anwendung, daß der Unternehmer berechtigt aber nicht verpflichtet ist, die Eintragung in das Handelsregister herbeizuführen; werden in dem Nebengewerbe Geschäfte der im § 1 bezeichneten Art geschlossen, so gilt der Betrieb dessenungeachtet nur dann als Handelsgewerbe, wenn der Unternehmer von der Befugnis, seine Firma gemäß § 2 in das Handelsregister eintragen zu lassen, Gebrauch gemacht hat. Ist die Eintragung erfolgt, so findet eine Löschung der Firma nur nach den allgemeinen Vorschriften statt, welche für die Löschung kaufmännischer Firmen gelten."

Ein Nebengewerbe des land- oder forstwirtschaftlichen Betriebes liegt vor, wenn es mit dem Landwirtschaftsbetrieb verbunden ist und in ihm die einzige oder Hauptstütze findet. Als Beispiele sind anzuführen (cf. Staub, Kommentar zu § 3 Anm. 3):

Kunstgärtnereien, Torfbereitung, Schieferbrüche, Sand-, Kies- und Kalkgewinnung, Tongräbereien und Tonröhrenfabrikation, Holzkohlengewinnung, Harz- und Pechgewinnung, Talgsiederei, Seifensiederei, Ölmüllerei, Holzzurichtung und -konservierung, Mühlenbetrieb, Butter- und Käsebereitung, Brauerei einfacher Biere, Obstwein- und Essigfabrikation, Branntweinbrennerei.

d) Kaufleute sind auch die sog. Minderkaufleute, d. h. solche unter § 1 HGB. fallende Kaufleute, deren Gewerbebetrieb seines Umfanges wegen eine kaufmännische Organisation nicht erfordert (so Staub, Kommentar zu § 4 Anm. 1). Auch die Minderkaufleute finden die Vorschriften über Handlungsgehilfen und Handlungslehrlinge Anwendung.

Das HGB. (§ 4) kennt zwei Klassen von Minderkaufleuten:

α) Handwerker,

β) Kleingewerbetreibende (Personen, deren Gewerbebetrieb nicht über den Umfang des Kleingewerbes hinausgeht).

Handwerker ist nach Staub (Anm. 3 zu § 4) der Inhaber eines unter § 1 Nr. 1 fallenden Gewerbes, oder eines Gewerbes bestehend in der Anschaffung von Material zum Zwecke der Be- und Verarbeitung und demnächstigen Veräußerung in beweglichem Zustande, sofern der Umfang des Gewerbes eine kaufmännische Organisation des Geschäftsbetriebes nicht erfordert.

Hierunter fallen: Schneider, Bäcker, Gerber, Tischler, Brauer usw. (siehe oben zu a).

Zu den Kleingewerbetreibenden gehören: Höker, Trödler, Hausierer, gewöhnliche Schiffer, kleine Gastwirte usw.

Die in Betreff der Kaufleute gegebenen Vorschriften finden nach § 6 HGB. auch auf die Handelsgesellschaften Anwendung als: offene Handelsgesellschaft, Kommanditgesellschaft, Aktiengesellschaft und Kommanditgesellschaft auf Aktien, Gesellschaft mit beschränkter Haftung.

Die Erwerbs- und Wirtschaftsgenossenschaften sind keine Handelsgesellschaften, sie gelten aber als Kaufleute im Sinne des HGB., soweit das Genossenschaftsgesetz keine abweichende Vorschriften enthält (§ 17 Abs. 2 des Reichsgesetzes betr. Erwerbs- und Wirtschaftsgenossenschaften vom 1. Mai 1889 in der Fassung vom 20. Mai 1898). Nach § 42 Abs. 2 findet die Bestellung von Prokuristen oder Handlungsbevollmächtigten zum gesamten Geschäftsbetrieb nicht statt. Im übrigen finden die auf Handlungsgehilfen und -Lehrlinge bezüglichen Vorschriften des HGB. auch bei Genossenschaften Anwendung (Crüger, Kommentar zum Genossenschaftsgesetz zu §§ 17 und 42).

II. Handlungsgehilfe ist gemäß § 59 HGB., wer in einem Handelsgewerbe zur Leistung kaufmännischer Dienste gegen Entgelt angestellt ist. Unter kaufmännischen Diensten wird man in der Hauptsache eine Tätigkeit verstehen, wie sie der kaufmännische Beruf mit sich bringt, wie sie der kaufmännischen Ausbildung entsprechen (ROHG. Bd. 17 S. 307 ff.). Die Umstände des einzelnen Falles müssen ergeben, ob kaufmännische oder gewerbliche Dienste vorliegen. Erstere werden in der Regel auf Umsatz von Waren gerichtete Dienste sein, letztere werden mehr in der Mittätigkeit bei der Bearbeitung oder Verarbeitung der Waren durch technische Dienstleistungen bestehen. Handlungsgehilfen sind z. B. die Kommis, Verkäufer, Reisende, Prokuristen, Ladenmädchen, Geschäftsführer einer Restauration, Konfektionäre. Dagegen sind keine Handlungsgehilfen die in einer Fabrik beschäftigten Techniker und Chemiker (ROHG. Bd. 14 S. 115, RG. 38 S. 118), die Köche oder Kellner eines Wirts (ROHG. Bd. 10 S. 299, Bd. 14 S. 271), die für ein Zeitungsunternehmen angestellten Redakteure, Korrespondenten und Berichterstatter (ROHG. Bd. 14 S. 23), alle gewerblichen Arbeiter und Vorarbeiter (ROHG. Bd. 9 S. 306, Bd. 11 S. 387), endlich die zur Leistung niederer Dienste in einem Handelsgewerbe angestellten Personen (s. Düringer-

Hachenburg, Anm. 2 zu § 59, Horrwitz, Recht der Handlungsgehilfen S. 20 ff., Gutachten der Ältesten der Kaufmannschaft von Berlin über Gebräuche im Handelsverkehr, herausgegeben von Heinrich Dove und Max Apt 1900, erste Folge, herausgegeben von Max Apt 1904). Aus den Kreisen der Handlungsgehilfen scheiden ferner aus, selbst wenn sie kaufmännische Dienste leisten,

a) die Angestellten der Versicherungsgesellschaften auf Gegenseitigkeit, da diese Gesellschaften kein Handelsgewerbe betreiben;

b) die Angestellten der in § 2 HGB. genannten gewerblichen Unternehmungen, welche nach Art und Umfang einen in kaufmännischer Weise eingerichteten kaufmännischen Geschäftsbetrieb erfordern, so lange die Eintragung der Firma im Handelsregister noch nicht bewirkt ist;

c) die Angestellten der in § 2 Abs. 3 genannten Betriebe, wenn und so lange der Unternehmer von seinem Recht, die Firma eintragen zu lassen, keinen Gebrauch macht;

d) die Angestellten eines vom Reich, eines Bundesstaates und inländischen Kommunalverbandes betriebenen gewerblichen Unternehmens, das keine Grundhandelsgeschäfte betreibt, aber nach Art und Umfang einen in kaufmännischer Weise eingerichteten Geschäftsbetrieb erfordert, wenn und so lange die Verwaltungsorgane des Unternehmens von der Möglichkeit, das Gewerbe zum Handelsregister anzumelden, keinen Gebrauch machen. (Aus Düringer-Hachenburg, Kommentar II zu § 59.)

Die Vorstandsmitglieder einer Aktiengesellschaft und Geschäftsführer einer Gesellschaft mit beschränkter Haftung sind nicht Handlungsgehilfen, sondern Vertreter der juristischen Person. Nicht Handlungsgehilfe ist ferner der sogenannte Volontär, da er kein Entgelt erhält. Staub und Düringer-Hachenburg wenden die Vorschriften des HGB. über Zeugnisse und Konkurrenzklausel (§§ 73 und 74) auch auf den Volontär an. Die Zuständigkeit des Kaufmannsgerichts, auch für Streitigkeiten aus §§ 73, 74, wird nicht begründet sein, weil der Volontär nicht unter den Begriff Handlungsgehilfe fällt.

Handlungslehrling ist derjenige, welcher in einem Handelsgewerbe zum Zwecke seiner kaufmännischen Ausbildung und zur Leistung entsprechender Dienste angestellt ist (§§ 76—84 HGB.).

6. Zu Abs. 1: Durch die Wortfassung des Abs. 1 („Streitigkeiten aus dem Dienst- oder Lehrverhältnisse zwischen" usw.) wird zum Ausdruck gebracht, daß die Zuständigkeit des Kaufmannsgerichts auch dann gegeben ist, wenn der erhobene Anspruch vor oder nach Erhebung der Klage auf einen Rechtsnachfolger übergegangen ist (Begr. S. 9). Anderseits unterstehen der Zuständigkeit des Kaufmannsgerichts nicht Streitigkeiten des Personals unter sich — ein diesbezüglich gestellter Antrag ist abgelehnt worden (Komm.Ber. S. 6) — noch Streitigkeiten zwischen einem Kaufmann und den Angestellten eines anderen Kaufmanns.

7. Die Errichtung eines Kaufmannsgerichts erfolgt durch Ortsstatut nach Maßgabe des § 142 Gewerbeordnung, welcher wie folgt lautet:

„Statutarische Bestimmungen einer Gemeinde oder eines weiteren Kommunalverbandes können die ihnen durch das Gesetz überwiesenen gewerblichen Gegenstände mit verbindlicher Kraft ordnen.

Dieselben werden nach Anhörung beteiligter Gewerbetreibender und Arbeiter abgefaßt, bedürfen der Genehmigung der höheren Verwaltungsbehörde und sind in der für Bekanntmachungen der Gemeinde oder des weiteren Kommunalverbandes vorgeschriebenen oder üblichen Form zu veröffentlichen.

Die Zentralbehörde ist befugt, statutarische Bestimmungen, welche mit den Gesetzen oder den statutarischen Bestimmungen des weiteren Kommunalverbandes in Widerspruch stehen, außer Kraft zu setzen."

Die Entscheidung über das Ortsstatut erfolgt durch die höhere Verwaltungsbehörde. Bei Versagung der Genehmigung sind in Ermangelung reichsgesetzlicher Vorschriften die Landesgesetze maßgebend; für Preußen § 121 Ges. über die allgemeine Landesverwaltung vom 30. Juli 1883 und § 7 Ges. über Zuständigkeit der Verwaltungs- und Verwaltungsgerichtsbehörden vom 1. August 1883.

Die Landeszentralbehörde kann selbständig eingreifen (§§ 1 Abs. 5, 2, 3). Vgl. außerdem § 88 GG., dessen Vorschriften nach § 14 Abs. 2 sinngemäße Anwendung finden. § 88 l. c. lautet:

Die Zentralbehörden der Bundesstaaten bestimmen, welche Verbände als weitere Kommunalverbände im Sinne dieses Gesetzes anzusehen, von welchen Organen der Gemeinden und weiteren Kommunalverbände die Statuten über Errichtung von Gewerbegerichten zu beschließen, und von welchen Staats- oder Gemeindeorganen die übrigen in diesem Gesetze den Staats- oder Gemeindebehörden sowie den Vertretungen der Gemeinden und weiteren Kommunalverbände zugewiesenen Verrichtungen wahrzunehmen sind.

Mit den von der höheren Verwaltungsbehörde wahrzunehmenden Geschäften können jedoch nur diejenigen höheren Verwaltungsbehörden betraut werden, welche nach Landesrecht die Aufsicht oder Oberaufsicht in Gemeindeangelegenheiten wahrzunehmen haben; auf die in Gemäßheit des § 82 errichteten Gewerbegerichte findet diese Bestimmung keine Anwendung.

Auf Grund des § 88 GG. ist für Preußen folgender Erlaß der Minister für Handel und Gewerbe und des

Innern vom 23. September 1890 (M.Bl. d. inn. Verw. S. 206) ergangen:

I. Unter der Bezeichnung „weiterer Kommunalverband“ sind die Provinzialverbände und auch die kommunalständischen Verbände der Reg.Bez. Cassel und Wiesbaden, sowie die Kreisverbände, in den Hohenzollernschen Landen der Landeskommunalverband und die Oberamtsbezirksverbände zu verstehen.

II. Die Beschlußfassung über die Statuten der zu errichtenden Gewerbegerichte steht zu:

a) in den Stadtgemeinden: dem Gemeindevorstande und der Stadtverordnetenversammlung (Bürgerschaftskollegium usw.) gemeinsam,
b) in den Landgemeinden: der Gemeindeversammlung bezw. den die Befugnisse einer solchen wahrnehmenden anderen Gemeindevertretungskörpern,
c) in den Kreisen: dem Kreistage,
d) in den Oberamtsbezirken: der Amtsversammlung,
e) in den Provinzen: dem Provinziallandtage,
f) in den kommunalständischen Verbänden der Reg.Bez. Cassel und Wiesbaden und in dem Hohenzollernschen Landeskommunalverbande: dem Kommunallandtage.

III. Unter der Bezeichnung „höhere Verwaltungsbehörde“ sind zu verstehen:

a) die Bezirksausschüsse in Bezug auf die Genehmigung der Ortsstatuten von Gemeinden (§ 1 Abs. 2 und 3), die Entscheidung über Beschwerden gegen die Rechtsgiltigkeit der Wahlen zu Gewerbegerichten, welche von einer oder mehreren Gemeinden oder einem Kreis- bezw. Oberamtsbezirksverbande errichtet sind (§ 17 Abs. 1), und die Enthebung von Mitgliedern solcher Gewerbegerichte (§ 21 Abs. 1);
b) die Provinzialräte in Bezug auf die Entscheidung über Beschwerden gegen die Rechtsgiltigkeit von Wahlen zu Gewerbegerichten (§ 17 Abs. 1) und die Enthebung von Mitgliedern derselben (§ 21 Abs. 1)

— sofern die in Frage kommenden Gewerbegerichte von einem Provinzialverbande oder von den kommunalständischen Verbänden der Reg.Bez. Cassel und Wiesbaden errichtet sind —;

c) die Regierungspräsidenten in Bezug auf die Bestätigung der Wahl der Vorsitzenden und deren Stellvertreter (§ 17 Abs. 2), die Anordnung zur Vornahme von Wahlen nach Maßgabe des § 18 Abs. a, die Ernennung von Mitgliedern der Gewerbegerichte im Falle des § 18 Abs. b, die Zuständigkeit zu dem Antrage auf Erhebung der Klage auf Amtsentsetzung von Mitgliedern der Gewerbegerichte (§ 21 Abs. 3), die Bestellung desjenigen Beamten, welcher den Vorsitzenden und dessen Stellvertreter vor ihrem Amtsantritte eidlich zu verpflichten hat (§ 22) — sofern die in Betracht kommenden Gewerbegerichte von Gemeinden oder Kreis- bezw. Oberamtsbezirksverbänden errichtet sind —, und endlich die Erteilung der Genehmigung zur Übertragung der dem Gemeindevorsteher nach §§ 76 bis 78 obliegenden Geschäfte auf einen Stellvertreter;

d) die Oberpräsidenten in Bezug auf die Bestätigung der Wahl des Vorsitzenden und dessen Stellvertreter (§ 17 Abs. 2), die Anordnung zur Vornahme der Wahlen nach Maßgabe des § 18 Abs. a, die Ernennung der Mitglieder von Gewerbegerichten im Falle des § 18 Abs. b, die Zuständigkeit zu dem Antrage auf Erhebung der Klage auf Amtsentsetzung von Mitgliedern der Gewerbegerichte (§ 21 Abs. 3), die Bestellung desjenigen Beamten, welcher den Vorsitzenden und dessen Stellvertreter vor ihrem Amtsantritte eidlich zu verpflichten hat (§ 22) — sofern die in Frage kommenden Gewerbegerichte von einem Provinzialverbande oder von einem der Kommunalverbände der Reg.Bez. Cassel und Wiesbaden errichtet sind.

Für die Hohenzollernschen Lande tritt an die Stelle des Oberpräsidenten und des Provinzialrates der Minister des Innern.

Für den Stadtkreis Berlin werden alle durch das Gesetz der höheren Verwaltungsbehörde übertragenen Befugnisse von dem Oberpräsidenten wahrgenommen.

IV. Die Wahl der Vorsitzenden und deren Stellvertreter erfolgt

für Gewerbegerichte, welche von Kreisen bezw. Oberamtsbezirken errichtet sind, durch die Kreis- bezw. Amtsausschüsse,

für Gewerbegerichte, welche von Provinzen oder von einem der kommunalständischen Verbände der Reg.Bez. Cassel und Wiesbaden oder dem Hohenzollernschen Landeskommunalverbande errichtet sind, durch die Provinzialausschüsse bezw. die Landesausschüsse, falls nicht durch das Statut die Mitwirkung der Kreistage, der Amtsversammlungen, der Provinziallandtage oder in den Reg.Bez. Cassel und Wiesbaden, sowie in den Hohenzollernschen Landen die Mitwirkung des Kommunallandtages vorgesehen ist.

Berlin, den 23. September 1890.

Der Minister für Handel und Gewerbe.	Der Minister des Innern. In Vertretung
Frhr. v. Berlepsch.	Braunbehrens.

Ein ergänzender Erlaß derselben Minister vom 9. Januar 1891 (B. 3 M. f. H., II 73 M. d. J.) bestimmt dann weiter:

I. Unter der Bezeichnung „weiterer Kommunalverband“ sind ferner zu verstehen:

1. die Bürgermeistereien in der Rheinprovinz,
2. die Ämter in der Provinz Westfalen.

II. Die Beschlußfassung über die Statuten, durch welche Gewerbegerichte für den Bezirk der Bürgermeistereien in der Rheinprovinz und der Ämter in der

Provinz Westfalen errichtet werden, steht der Bürgermeisterei-Versammlung bezw. der Amtsversammlung zu.

III. Bezüglich der für Bürgermeistereien oder Ämter errichteten Gewerbegerichte sind unter der Bezeichnung „höhere Verwaltungsbehörde“ zu verstehen:

a) die Bezirksausschüsse in Bezug auf die Entscheidung über Beschwerden gegen die Rechtsgiltigkeit der Wahlen zu den Gewerbegerichten (§ 17 Abs. 1) und die Enthebung von Mitgliedern der Gewerbegerichte (§ 21 Abs. 1).

b) die Regierungspräsidenten in Bezug auf die Bestätigung der Wahl der Vorsitzenden und deren Stellvertreter (§ 17 Abs 2), die Anordnung zur Vornahme der Wahlen nach Maßgabe des § 18 Abs. a, die Ernennung von Mitgliedern der Gewerbegerichte im Falle des § 18 Abs. b, die Zuständigkeit zu dem Antrage auf Erhebung der Klage auf Amtsentsetzung von Mitgliedern der Gewerbegerichte (§ 21 Abs. 3), die Bestellung desjenigen Beamten, welcher den Vorsitzenden und dessen Stellvertreter vor ihrem Amtsantritt eidlich zu verpflichten hat (§ 22).

IV. Die Wahl der Vorsitzenden und deren Stellvertreter erfolgt:

für Gewerbegerichte, welche von Bürgermeistereien errichtet werden, durch die Bürgermeisterei-Versammlung,

für Gewerbegerichte, welche von Ämtern errichtet werden, von der Amtsversammlung.

Berlin, den 9. Januar 1891.

Der Minister des Innern. Herrfurth.

Der Minister für Handel und Gewerbe. Frhr. v. Berlepsch.

8. Vor Errichtung des Kaufmannsgerichts sind Kaufleute und Handlungsgehilfen in entsprechender An-

zahl zu hören. Daß ein ohne Beachtung dieser Vorschrift erlassenes Ortsstatut ungültig ist, wird nicht zum Ausdruck gebracht. Auch ist die Auswahl der zu hörenden Personen, sowie die Art und Weise ihrer Anhörung dem Ermessen der Behörde überlassen.

§ 2.

Für Gemeinden, welche nach der jeweilig letzten Volkszählung mehr als zwanzigtausend Einwohner haben, muß ein Kaufmannsgericht errichtet werden. Die Landes-Zentralbehörde hat erforderlichenfalls die Errichtung nach Maßgabe der Vorschriften des § 1 Abs. 5 anzuordnen, ohne daß es eines Antrags beteiligter Kaufleute oder Handlungsgehilfen bedarf.

E. § 2, Begr. 9/10, Komm.Ber. 6/8, Sten. Ber. S. 397 ff., 411 f., 3017 f.

1. § 2 Satz 1 macht die Kaufmannsgerichte obligatorisch für Gemeinden über 20 000 Einwohnern.

2. Die Fassung „für Gemeinden" ist gewählt, um es zu ermöglichen, für Gemeinden, welche zwar die erforderliche Einwohnerzahl besitzen, in welchen aber aus besonderen Gründen die Errichtung eines Kaufmannsgerichts sich nicht ermöglichen läßt, das Kaufmannsgericht mit dem eines Nachbarortes zu verbinden oder zu vereinigen (Komm.Ber. S. 8).

3. Sinkt die Einwohnerzahl nach Errichtung des Gerichts unter 20 000, so bleibt trotzdem das Gericht bestehen. Das gleiche ist bei den Gewerbegerichten angenommen worden (Komm.Ber. XII, Komm. zur Vorberatung der Gesetzentwürfe betr. Abänderung des Gewerbegerichtsgesetzes, 10. Legislaturperiode, II. Session 1900/01 Nr. 299 der Drucksachen S. 4/5).

§ 3.

Die Landes-Zentralbehörde kann die örtliche Zuständigkeit eines auf ihre Anordnung errichteten Kaufmannsgerichts ausdehnen. Die beteiligten Ortsbehörden sind zuvor zu hören.

E. § 3, Begr. S. 9, Komm.Ber. 8, Sten.Ber. S. 392 f., 3009 f.

1. § 3 entspricht § 7 Abs. 2 GG.

2. Es bedarf in dem hier vorgesehenen Fall weder eines Antrags noch der Anhörung beteiligter Kaufleute und Handlungsgehilfen noch der vorherigen Aufforderung an die beteiligten Gemeinden (Begr. S. 10).

3. Die unterbliebeue Anhörung der beteiligten Ortsbehörden hat nicht die Folge, daß daraus die Ungiltigkeit der von der Landes-Zentralbehörde getroffenen Anordnung hergeleitet werden könnte (Sten. Ber. 1890 S. 352). Demgemäß kann auch eine Partei keinen Einwand im kaufmannsgerichtlichen Verfahren daraus herleiten.

§ 4.

Auf Handlungsgehilfen, deren Jahresarbeitsverdienst an Lohn oder Gehalt den Betrag von fünftausend Mark übersteigt, sowie auf die in Apotheken beschäftigten Gehilfen und Lehrlinge finden die Vorschriften dieses Gesetzes keine Anwendung.

E. § 4. Begr. 10, Komm.Ber. 8/9, Sten.Ber. S. 394, 406.

1. Zum Begriffe „Jahresarbeitsverdienst an Lohn oder Gehalt" gehören auch Tantiemen. Von anderen unsicheren Bezügen, wie Provisionen, Reisespesen, gilt das gleiche insoweit, als sie ein über die Erstattung von Kosten und Auslagen hinausgehendes eigentliches Arbeitsentgelt bilden (Begr. S. 10).

Den Charakter vertragsmäßiger Vergütung tragen auch zugesagte Gratifikationen, besonders Weihnachts- und Neujahrsgratifikationen, vgl. Dove-Apt, Gutachten S. 25. Diese Gratifikationen sind auch dann anteilig zu leisten, wenn der Gehilfe im Laufe des Jahres austritt.

Nicht hierunter fallen solche Gratifikationen, wenn sie nicht zugesagt, sondern nur üblich sind und vom Prinzipal regelmäßig gemacht zu werden pflegen (vgl. Apt, Gutachten S. 4).

2. Für die Frage nach der sachlichen Zuständigkeit ist maßgebend der Betrag des Jahresarbeitsverdienstes des Gehilfen zur Zeit der Klageerhebung, wenn das Dienstverhältnis, aus dem geklagt wird, an diesem Zeitpunkt noch fortdauert. Wenn das Dienstverhältnis vor diesem Zeitpunkt beendet ist, ist der Jahresarbeitsverdienst maßgebend, den der Gehilfe bei Beendigung des streitigen Dienstverhältnisses bezogen hat. Über vorstehenden Grundsatz herrschte Übereinstimmung unter den Mitgliedern der Reichstagskommission und den Regierungsvertretern (Komm.Ber. S. 9).

3. Die Ausnahmestellung der in Apotheken beschäftigten Gehilfen und Lehrlinge entspricht dem § 81 GG.

§ 5.

Die Kaufmannsgerichte sind ohne Rücksicht auf den Wert des Streitgegenstandes zuständig für Streitigkeiten der im § 1 Abs. 1 bezeichneten Art, wenn die Streitigkeiten betreffen:

1. **den Antritt, die Fortsetzung oder die Auflösung des Dienst- oder Lehrverhältnisses sowie die Aushändigung oder den Inhalt des Zeugnisses;**

2. **die Leistungen aus dem Dienst- oder Lehrverhältnisse;**
3. **die Rückgabe von Sicherheiten, Zeugnissen, Legitimationspapieren oder anderen Gegenständen, welche aus Anlaß des Dienst- oder Lehrverhältnisses übergeben worden sind;**
4. **die Ansprüche auf Schadensersatz oder Zahlung einer Vertragsstrafe wegen Nichterfüllung oder nicht gehöriger Erfüllung der Verpflichtungen, welche die unter Nr. 1 bis 3 bezeichneten Gegenstände betreffen, sowie wegen gesetzwidriger oder unrichtiger Eintragungen in Zeugnisse, Krankenkassenbücher oder Quittungskarten der Invalidenversicherung;**
5. **die Berechnung und Anrechnung der von den Handlungsgehilfen oder Handlungslehrlingen zu leistenden Krankenversicherungsbeiträge und Eintrittsgelder (§§ 53a, 65 des Krankenversicherungsgesetzes);**
6. **die Ansprüche aus einer Vereinbarung, durch welche der Handlungsgehilfe oder Handlungslehrling für die Zeit nach Beendigung des Dienst- oder Lehrverhältnisses in seiner gewerblichen Tätigkeit beschränkt wird.**

E. § 5, Begr. 11, Komm.Ber. 9/15, Sten. Ber. S. 401, 409, 411, 418.

1. Die Zuständigkeit der Kaufmannsgerichte ist in Bezug auf den Wert des Streitgegenstandes unbegrenzt. Die Berufung gegen Urteile der Kaufmannsgerichte ist nach § 16 Abs. 1 nur zulässig, wenn der Wert des Streitgegenstandes den Betrag von dreihundert Mark übersteigt.

Die Zuständigkeit ist weiterhin auf die in § 5 Nr. 1 bis 6 bezeichneten Angelegenheiten beschränkt, für diese aber gegenüber den ordentlichen Gerichten ausschließlich (§ 6 Abs. 1).

2. Zu Ziff. 1: Maßgebend ist der Dienst- oder Lehrvertrag. Der Anstellungsvertrag mit Handlungsgehilfen ist ein Handelsgeschäft, er bedarf daher keiner Form. Für den Fall der Minderjährigkeit muß der Prinzipal ermächtigt sein, selbständig ein Erwerbsgeschäft zu betreiben (§ 112 BGB.). Der minderjährige Handlungsgehilfe muß durch seinen gesetzlichen Vertreter die Ermächtigung erhalten, in Dienst oder Arbeit zu treten. Soll der Vertrag länger als auf ein Jahr geschlossen werden, so ist nach § 1822 Nr. 7 BGB. außerdem die Genehmigung des Vormundschaftsgerichts nötig. Ebenso bedarf der Anstellungsvertrag der Lehrlinge keiner Form. Ansprüche wegen unbefugten Austritts aus der Lehre kann der Lehrherr aber nur geltend machen, wenn der Vertrag schriftlich abgeschlossen ist (§ 79 HGB.).

3. Zu Ziff. 2: Für die Leistungen aus dem Dienstverhältnis cf. §§ 59 ff. HGB.

4. Zu Ziff. 3: Hier handelt es sich um Gegenstände, welche aus Anlaß des Dienst- oder Lehrverhältnisses übergeben sind, also nicht auf Grund des Vertrages zurückgefordert werden.

5. Zu Ziff. 4: Nur die hier bezeichneten Schadensersatzansprüche gehören hierher, alle sonstigen gehören vor die ordentlichen Gerichte.

6. §§ 53a, 65 Krankenversicherungsgesetzes lauten:

§ 53a. Streitigkeiten zwischen den Arbeitgebern und den von ihnen beschäftigten Personen über die Berechnung und Anrechnung der von diesen zu leistenden Beiträge werden nach den Vorschriften des

Gesetzes, betreffend die Gewerbegerichte vom 29. Juli 1890 [1]) (Reichs-Gesetzbl. S. 141) entschieden.

Die Vorschriften des letzteren Gesetzes finden auch auf Streitigkeiten zwischen den bezeichneten Personen über die Berechnung und Anrechnung des Eintrittsgeldes Anwendung. Zur Entscheidung dieser Streitigkeiten sind auch die auf Grund des § 80 [2]) jenes Gesetzes fortbestehenden Gewerbegerichte zuständig.

§ 65. Die Betriebsunternehmer sind verpflichtet, die statutenmäßigen Eintrittsgelder und Beiträge für die von ihnen beschäftigten versicherungspflichtigen Kassenmitglieder zu den durch das Kassenstatut festgesetzten Zahlungsterminen in die Kasse einzuzahlen und die Beiträge zu einem Drittel aus eigenen Mitteln zu leisten.

Werden die gesetzlichen Mindestleistungen der Kasse (§ 20) durch die Beiträge, nachdem diese für die Versicherten vier Prozent der durchschnittlichen Tagelöhne oder des Arbeitsverdienstes erreicht haben, nicht gedeckt, so hat der Betriebsunternehmer die zur Deckung derselben erforderlichen Zuschüsse aus eigenen Mitteln zu leisten.

Die Bestimmungen des § 52 Abs. 3 und der §§ 52a bis 53a, 54a bis 58 finden auch auf Betriebs-(Fabrik-) Krankenkassen entsprechende Anwendung.

7. Zu Ziff. 6: Auch die Streitigkeiten aus der sog. Konkurrenzklausel unterliegen den Kaufmannsgerichten. Der Entwurf wollte diese Streitigkeiten den ordentlichen Gerichten belassen, weil es sich oft hier um eine Existenzfrage handelt, für welche eine Beschränkung der Rechtsmittel nicht am Platze sein würde (Begr.

---

[1]) jetzt GG. v. 30. Juni 1901 (RGBl. S. 249).

[2]) jetzt § 85.

S. 11). Die Kommission hat die Kompetenz auch auf die Kaufmannsgerichte ausgedehnt (Komm.Ber. 10/15). Der Reichstag ist dem beigetreten.

§ 6.

Durch die Zuständigkeit eines Kaufmannsgerichts wird die Zuständigkeit der ordentlichen Gerichte ausgeschlossen.

Vereinbarungen, durch welche der Entscheidung des Kaufmannsgerichts künftige Streitigkeiten, welche zu seiner Zuständigkeit gehören, entzogen werden, sind nichtig.

E. § 6, Begr. 11, Komm.Ber. 15/16, Sten. Ber. S. 409, 430.

1. Abs. 1 bringt den Grundsatz der ausschließlichen Zuständigkeit des Kaufmannsgerichts gegenüber den ordentlichen Gerichten zum Ausdruck (vgl. § 6 Abs. 1 GG.). Dagegen steht es den Parteien zu, ein anderes Kaufmannsgericht durch Übereinkommen mit der Entscheidung zu betrauen (Begr. S. 11).

2. Zu Abs. 2: Der Entwurf hatte nach dem Vorgange des GG. folgende Bestimmung:

> Schiedsverträge, durch welche die Zuständigkeit der Kaufmannsgerichte für künftige Streitigkeiten ausgeschlossen wird, sind nur dann rechtswirksam, wenn nach dem Schiedsvertrage bei der Entscheidung von Streitigkeiten Kaufleute und Handlungsgehilfen in gleicher Zahl unter einem Vorsitzenden mitzuwirken haben, welcher weder Kaufmann noch Handlungsgehilfe oder Handlungslehrling ist.

Die Kommission hegte die Befürchtung, daß speziell die Warenhäuser nach ihrem Belieben Schiedsgerichte aus ihren Angestellten in einer diese benachteiligenden

Form zusammensetzen würden und einigte sich auf die jetzt geltende Fassung (Komm.Ber. S. 15/16).

Der Reichstag ist dem beigetreten (Sten. Ber. S. 430).

§ 7.

Die Zusammensetzung des Gerichts nach Maßgabe der Vorschriften dieses Gesetzes ist durch das Statut zu regeln.

E. § 7, Begr. 11, Komm.Ber. 16, Sten. Ber. S. 392.

Über den Erlaß des Statuts s. Anm. 7 zu § 1. Daß das Statut nicht Bestimmungen enthalten darf, welche gegen zwingende Vorschriften dieses Gesetzes verstoßen, ist selbstverständlich.

§ 8.

Die Kosten der Einrichtung und der Unterhaltung des Gerichts sind, soweit sie in dessen Einnahmen ihre Deckung nicht finden, von der Gemeinde oder dem weiteren Kommunalverbande zu tragen.

Soll das Gericht nicht ausschließlich für eine Gemeinde oder einen weiteren Kommunalverband zuständig sein, so ist bei Festsetzung der Zuständigkeit zugleich zu bestimmen, zu welchen Anteilen die einzelnen Bezirke an der Deckung der Kosten teilnehmen.

Gebühren, Kosten und Strafen, welche in Gemäßheit dieses Gesetzes zur Hebung gelangen, bilden Einnahmen des Gerichts.

E. § 8, Begr. 11, Komm.Ber. 16, Sten. Ber. S. 418, 422, 3046.

Diese Bestimmung entspricht dem § 9 GG. Wegen der Gebühren, Kosten, Strafen vgl. §§ 14, 15 in Verbindung mit §§ 23, 38 Abs. 3, 58, 60 GG. Zu den Kosten der Unterhaltung gehören insbesondere die den Beisitzern nach § 20 Abs. 2 GG. zu gewährenden Vergütungen für Reisekosten und Zeitversäumnis.

Trotzdem die Gemeinden die Kosten der Einrichtung und Unterhaltung leisten, sind die Kaufmannsgerichte staatliche Gerichte (s. Anm. 4 zu § 1).

Strafen können verhängt werden gegen Beisitzer (§ 23), Parteien, Zeugen, Sachverständige und wegen Ungebühr (§ 38 Abs. 3 und § 179 GVG.).

§ 9.

Für jedes Kaufmannsgericht sind ein Vorsitzender und mindestens ein Stellvertreter desselben sowie die erforderliche Zahl von Beisitzern zu berufen. Die Zahl der Beisitzer soll mindestens vier betragen.

Bei Kaufmannsgerichten, welche aus mehreren Abteilungen (Kammern) bestehen, können mehrere Vorsitzende bestellt werden.

Besteht am Sitze des Kaufmannsgerichts ein auf Grund des § 1 oder des § 2 des Gewerbegerichtsgesetzes errichtetes Gewerbegericht, so sind in der Regel dessen Vorsitzender und seine Stellvertreter, sofern auf sie die im § 11 Abs. 1 bezeichneten Voraussetzungen zutreffen, zugleich zum Vorsitzenden und zu stellvertretenden Vorsitzenden des Kaufmannsgerichts zu bestellen, auch gemeinsame Einrichtungen für die Gerichtsschreiberei, den Bureaudienst, die Sitzungs- und Bureauräumlichkeiten und dergleichen zu treffen.

E § 9, Begr. 11/13, Komm.Ber. 16/34, Sten. Ber. S. 376, 405, 407, 418.

Abs. 1 und 2 entsprechen Abs. 1 und Abs. 2 § 10 GG. Abs. 3 macht die Einrichtung der Gewerbegerichte nutzbar für die Kaufmannsgerichte, indem in der Regel der Vorsitzende und stellvertretende Vorsitzende des Gewerbegerichts in gleicher Eigenschaft an die Spitze des Kaufmannsgerichts tritt, auch die Einrichtnngen für die Gerichtsschreiberei, den Bureaudienst, die Sitzungs- und Bureauräumlichkeiten für beide Gerichte gemeinsam sein sollen.

Ausnahmsweise kann daneben die Errichtung eines besonderen Gerichts für die kaufmännischen Streitigkeiten zugelassen werden, sofern am Orte ein Gewerbegericht nicht besteht, oder neben einem vollbeschäftigten Gewerbegerichte noch ein vollbeschäftigtes Kaufmannsgericht zur Betätigung gelangen kann, oder endlich besondere sachliche oder persönliche Gründe für die Trennung der beiden Gerichte sprechen (Begr. S. 8).

Im übrigen ist für die Ausgestaltung im einzelnen das Statut maßgebend.

§ 10.

Zum Mitglied eines Kaufmannsgerichts können nicht berufen werden:

1. **Personen weiblichen Geschlechts;**
2. **Ausländer;**
3. **Personen, welche die Fähigkeit zur Bekleidung öffentlicher Ämter infolge strafgerichtlicher Verurteilung verloren haben;**
4. **Personen, gegen welche das Hauptverfahren wegen eines Verbrechens oder Vergehens eröffnet ist, das die Aberkennung der bürgerlichen Ehrenrechte oder der Fähigkeit zur Bekleidung öffentlicher Ämter zur Folge haben kann;**

5. **Personen, welche infolge gerichtlicher Anordnung in der Verfügung über ihr Vermögen beschränkt sind.**

Zum Mitglied eines Kaufmannsgerichts soll nur berufen werden, wer das dreißigste Lebensjahr vollendet und in dem der Wahl vorangegangenen Jahre für sich oder seine Familie Armenunterstützung aus öffentlichen Mitteln nicht empfangen oder die empfangene Armenunterstützung erstattet hat.

Zum Beisitzer soll nur berufen werden, wer im Bezirke des Gerichts seit mindestens zwei Jahren seine Handelsniederlassung hat oder beschäftigt ist.

E. § 9, Begr. S. 11—13, Komm.Ber. S. 16—34, Sten. Ber. S. 3049 ff., 3064 ff.

1. Zu Abs. 1: § 10 unterscheidet zwischen solchen Mitgliedern, die nicht berufen werden können, d. h. zu dem Amt unfähig sind und solchen, die nicht berufen werden sollen, durch deren Berufung aber das Verfahren selbst nicht ungültig wird. Zu der ersteren Kategorie gehören die in Abs. 1 Nr. 1—5 bezeichneten Personen. § 10 stellt nicht nur Mindestforderungen auf, vielmehr darf das Statut weitere Beschränkungen, als sie das Gesetz enthält, nicht aufstellen.

2. Ein Antrag, den Frauen die Wählbarkeit zu den Kaufmannsgerichten zu verleihen, wurde in der Kommission abgelehnt (Komm.Ber. S. 20). Ein Bundesratsbevollmächtigter erklärte, die Regierungen von Bayern, Württemberg, Sachsen, Baden würden gegen das Gesetz stimmen, wenn das aktive oder passive Wahlrecht vom Reichstag beschlossen werden sollte (Komm.-Ber. S. 8).

Im Plenum wurde dieser ablehnende Beschluß aufrecht erhalten, nachdem die Vertreter des Bundesrates erklärt hatten, daß die verbündeten Regierungen das Gesetz scheitern lassen würden, falls den Frauen das aktive oder passive Wahlrecht beigelegt würde (Sten.Ber. S. 3049).

3. Die Ziffern 2—5 entsprechen den §§ 31, 32 GVG.

4. In der Kommission war die Altersgrenze für das passive Wahlrecht auf 25 Jahre herabgesetzt worden. Das Plenum stellte die Regierungsvorlage wieder her, nachdem die Vertreter der verbündeten Regierungen die Herabsetzung für unannehmbar erklärt hatten.

5. Was als Armenunterstützung anzusehen ist, bestimmen die Landesgesetze (§ 8 des Gesetzes über den Unterstützungswohnsitz v. 6. Juni 1870, Bundes-GBl. S. 360, für Preußen § 1 des Ausführungsgesetzes zu obigem Gesetz v. 8. März 1871, GS. S. 130).

6. Zu den „Mitgliedern" der Kaufmannsgerichte gehören auch der Vorsitzende und dessen Stellvertreter. Das Amt der Beisitzer ist ein Ehrenamt (cf. § 15 KG., § 20 GG.).

§ 11.

Als Vorsitzender und dessen Stellvertreter sollen Personen gewählt werden, welche die Fähigkeit zum Richteramt erlangt haben; auch können Personen gewählt werden, welche die Fähigkeit zum höheren Verwaltungsdienste besitzen. Ausnahmen kann die höhere Verwaltungsbehörde zulassen. Der Vorsitzende und seine Stellvertreter dürfen weder Kaufleute noch Handlungsgehilfen sein.

Sie werden durch den Magistrat und, wo ein solcher nicht vorhanden ist oder das Statut dies bestimmt, durch die Gemeindevertretung, in weiteren

Kommunalverbänden durch die Vertretung des Verbandes auf mindestens ein Jahr gewählt.

Ihre Wahl bedarf der Bestätigung der höheren Verwaltungsbehörde, in deren Bezirke das Kaufmannsgericht seinen Sitz hat. Diese Bestimmung findet auf Staats- oder Gemeindebeamte, welche ihr Amt kraft staatlicher Ernennung oder Bestätigung verwalten, keine Anwendung, solange sie dieses Amt bekleiden. Einer Bestätigung bedarf es ferner nicht, wenn im Falle des § 9 Abs. 3 der Vorsitzende des Gewerbegerichts oder sein Stellvertreter zum Vorsitzenden oder zum stellvertretenden Vorsitzenden des Kaufmannsgerichts gewählt werden.

E. § 10, Begr. S. 11—13 Komm.Ber. S. 16—34, Sten.Ber. S. 397, 407.

1. Zu Abs. 1: Der Entwurf hatte die Bestimmung, daß der Vorsitzende sowie dessen Stellvertreter die Fähigkeit zum Richteramt oder zum höheren Verwaltungsdienst erlangt haben muß. Die jetzige in der Kommission beschlossene Fassung versucht zum Ausdruck zu bringen, daß in der Regel Personen gewählt werden sollen, welche die Fähigkeit zum Richteramt erlangt haben, erst in zweiter Linie sollen Personen berufen werden, die die Fähigkeit zum höheren Verwaltungsdienst besitzen. Ausnahmen sind nur mit Genehmigung der höheren Verwaltungsbehörde zulässig.

Der Vorsitzende und sein Stellvertreter dürfen weder Kaufleute noch Handlungsgehilfen sein. Den Kaufleuten stehen nach § 14 gleich: die Mitglieder des Vorstandes einer Aktiengesellschaft oder eingetragenen Genossenschaft oder einer als Kaufmann geltenden juristischen

Person sowie die Geschäftsführer einer Gesellschaft mit beschränkter Haftung.

2. Zu Abs. 2: Die Vorsitzenden und deren Stellvertreter werden in Preußen bei Gemeinden mit städtischer Verfassung durch den Magistrat gewählt. Für die verschiedenen Teile der Monarchie kommen entsprechend der von Wilhelmi-Bewer 82/83 gegebenen Aufstellung in Betracht:

1. für die Provinzen Ostpreußen, Westpreußen, Pommern (mit Ausschluß von Neuvorpommern und Rügen), Brandenburg, Posen, Schlesien und Sachsen: Städteordnung für die östlichen Provinzen vom 30. Mai 1853 (GS. S. 261);

2. für die Provinz Schleswig-Holstein: Städteordnung vom 14. April 1869 (GS. S. 589), Lauenburgisches Gesetz, betreffend die Einführung der vorstehenden Städteordnung im Herzogtum Lauenburg, vom 16. Dez. 1879 (Öff. Wochenblatt S. 521);

3. für die Provinz Hannover: Hannoversches Landesverfassungsgesetz vom 6. Aug. 1840 (Hann. GS. S. 141) mit der im § 59 durch den § 6 der Hannoverschen Verordnung vom 1. Aug. 1855 (Hann. GS. S. 165) getroffenen Abänderung; Hannoversches Gesetz vom 5. Sept. 1848, betreffend Änderungen des Landesverfassungsgesetzes (Hann. GS. S. 261), mit der im § 12 durch das Hannoversche Gesetz vom 28. April 1859 (Hann. GS. S. 389) getroffenen Abänderung; Hannoversche revidierte Städteordnung vom 24. Juni 1858 (Hann. GS. S. 141); Hannoversche Landdrosteiordnung vom 25. Sept. 1852 (Hann. GS. S. 347);

4. für die Provinz Westfalen: Städteordnung für die Provinz Westfalen vom 19. März 1856 (GS. S. 237);

5. für die Provinz Hessen-Nassau: Städteordnung vom 4. Aug. 1897 (GS. S. 254); Gemeindeverfassungsgesetz für die Stadt Frankfurt a. M. vom 25. März 1867 (GS. S. 401);

6. für die Rheinprovinz: Städteordnung für die Rheinprovinz vom 15. Mai 1856 (GS. S. 406);

7. für die Hohenzollernschen Lande: Gemeindeordnung vom 2. Juli 1900 (GS. S. 189);

8. für den Regierungsbezirk Wiesbaden: Städteordnung vom 8. Juli 1891 (GS. 1891 S. 107 und GS. 1895 S. 9).

In der Rheinprovinz findet sich nach § 66 der Städteordnung vom 15. Mai 1856 ein Magistratskollegium nur da, wo dasselbe besonders eingerichtet ist. In den Gemeinden, deren Verfassung durch die Städteordnung für die östlichen Provinzen vom 30. Mai 1853 geordnet wird, ist ein Magistrat regelmäßig vorhanden; ein solcher fehlt hier gemäß §§ 1, 72 in den Flecken und event. in den Städten mit nicht mehr als 2500 Einwohnern. Ähnliche Bestimmungen enthalten die Städteordnungen für Westfalen vom 19. März 1856 und für Schleswig-Holstein vom 14. April 1869.

3. Eine Verpflichtung zur Annahme der Wahl besteht nicht; wegen der Beisitzer cf. § 20 GG., auf Kaufmannsgerichte anwendbar nach § 15 Abs. 2.

4. Zu Abs. 3: Abs. 3 entspricht § 17 Abs. 2 GG. Über den Begriff höhere Verwaltungsbehörde cf. Anm. 7 zu § 1.

5. Der Begriff der Staats- oder Gemeindebeamten bestimmt sich nach Landesrecht. Nach §§ 68, 69 ALR. II, 10 gehören hierzu die mittelbaren und unmittelbaren Beamten, also auch die Beamten der Gemeinden und weiteren Kommunalverbände. Die Ernennung oder Bestätigung muß staatlich sein.

§ 12.

Die Beisitzer müssen zur Hälfte aus den Kaufleuten, welche mindestens einen Handlungsgehilfen oder Handlungslehrling regelmäßig das Jahr hindurch

oder zu gewissen Zeiten des Jahres beschäftigen, zur Hälfte aus den Handlungsgehilfen entnommen werden.

Die ersteren Beisitzer werden mittels Wahl der im Abs. 1 bezeichneten Kaufleute, die letzteren mittels Wahl der Handlungsgehilfen bestellt. Die Wahl der Beisitzer ist unmittelbar und geheim; sie findet nach den Grundsätzen der Verhältniswahl statt derart, daß neben den Mehrheitsgruppen auch die Minderheitsgruppen entsprechend ihrer Zahl vertreten sind. Hierbei kann die Stimmabgabe auf Vorschlagslisten beschränkt werden, die bis zu einem im Statute festgesetzten Zeitpunkte vor der Wahl einzureichen sind.

Die Wahl erfolgt auf mindestens ein Jahr und höchstens sechs Jahre. Eine Wiederwahl ist zulässig.

E. § 11, Begr. S. 11—13, Komm.Ber. S. 16—34, Sten. Ber. S. 398, 408, 3077 ff.

1. Aktiv und passiv wahlberechtigt sind nur solche Personen, welche im Bezirke des Kaufmannsgerichts wohnen oder beschäftigt sind (§ 10 Abs. 3, § 13 Abs. 1).

2. Die Verhältniswahl wird durch § 12 Abs. 2 obligatorisch gemacht. Die Verhältniswahl ist in Deutschland zum ersten Mal durch die Gewerbegerichtsnovelle von 1901 für zulässig erklärt worden. Im Gegensatz zu dem auf der einfachen Stimmenmehrheit beruhenden Wahlsystem gewährt die Verhältniswahl auch einer größeren Minderheit eine angemessene Vertretung. Denn hiernach können die Beisitzerstellen unter die verschiedenen im Bezirk des Gewerbegerichts bestehenden oder anläßlich der Wahlen sich bildenden Gruppen und Interessentenkreise, der im übrigen nach wie vor in getrennten Wahlkörpern wählenden Arbeitgeber und Arbeiter nach dem Verhältnis der Stimmenzahl jeder Gruppe zur

Gesamtstimmenzahl des betreffenden Wahlkörpers verteilt werden, wodurch auch jenen Gruppen die Möglichkeit der Erlangung einer Beisitzerstelle gegeben wird, die an sich nur eine Minderheit von Stimmen auf sich vereinigen (Erlaß des preußischen Handelsministers vom 12. April 1892 im Min.Bl. für Handel und Gewerbe S. 164). Die Verhältniswahl ist im § 15 des Gewerbegerichtsgesetzes nur fakultativ zugelassen, indem die Gewerbegerichtskommission von 1901 der Meinung war, daß die Bestimmungen über die Einführung und die nähere Regelung des Wahlverfahrens dem Statut zustehen (Wilhelmi-Bewer, Anm. 4). Der Entwurf des Gesetzes betreffend die Kaufmannsgerichte schloß sich dem Gewerbegerichtsgesetz an und enthielt im § 11 Abs. 2 die Bestimmung: Durch das Statut kann die Wahl der Beisitzer einer für den Bezirk bestehenden Vertretung des Handelsstandes, die Wahl der Handlungsgehilfenbeisitzer den am Sitz des Gerichts bestehenden Verbänden der Handlungsgehilfen oder den zu den Handlungsgehilfen gehörenden Vertretern der bestehenden Krankenkasse übertragen werden.

In der Reichstags-Kommission wurde der Antrag auf obligatorische Einführung der Verhältniswahl gestellt. Der Staatssekretär des Innern gab zu dieser Frage folgende Erklärung ab:

„Der modernen, auf Beteiligung der Arbeiter am öffentlichen Leben gerichteten Bewegung gegenüber kann man zwei Wege gehen. Diese Bewegung trägt jetzt noch häufig einen turbulenten, selbst revolutionären Charakter. Dies ist Folge der vielfach vorhandenen politischen Unreife der Masse. Hofft man durch politische Erziehung die Arbeiter in ihrem eigenen dauernden Berufsinteresse urteilsfreier zu machen, so muß man ihnen auch Gelegenheit geben, in geordneter friedlicher Weise ihre Interessen zum Ausdruck zu bringen. Dies ist der Standpunkt der Allerhöchsten Botschaften und auf diesem Standpunkt stehen die verbündeten Regierungen, wie der Reichskanzler und ich mit ihnen. Wer einen solchen Weg nicht für gangbar hält, wer an die Möglichkeit einer politischen Erziehung der Masse nicht glaubt, der kommt mit innerer Notwendigkeit zu allgemeinen Repressiv-Gesetzen. Jeder Staatsmann muß sich darüber klar sein, welchen der beiden Wege er gehen will. Wer den ersteren Weg einschlägt, wird aber doch fordern müssen, daß die Gesetzgebung im Einzelnen auch Kautelen enthält, die eine ruhige, mit den staatlichen Interessen verträgliche Entwicklung und den geordneten Fortbestand des Staatswesens sichern.

Nun wird die Forderung der obligatorischen Proportionalwahlen gestellt. Das Reichsamt des Innern hat sich an alle verbündeten Regierungen gewendet; deren Äußerungen liegen erst in sehr geringer Zahl vor . . . Eine mehr äußerliche Schwierigkeit im Falle der obligatorischen Einführung ergibt sich auch daraus, daß, wenn die Erfahrungen später eine Abänderung der bestehenden Satzungen bedingen, in Preußen wenigstens bei den Statuten für Kreise oder andere weitere Kommunalverbände jedesmal eine Kgl. Kabinettsordre eingeholt werden müsse, um die Statuten marschfähig zu machen."

Die vom Staatssekretär hier erwähnte Rundfrage hat folgendes Ergebnis gehabt. Die Beisitzerwahlen sind nach den Grundsätzen des Verhältniswahlverfahrens geregelt:

In Preußen bei Bocholt, Bromberg, Frankfurt a. M., Gelsenkirchen, Gnesen, Hagen, Liegnitz, Osnabrück, Potsdam;

in Bayern bei Bamberg, München;

in Sachsen bei Glauchau;

in Württemberg bei Gmünd und Göppingen;

in Baden bei Freiburg, Karlsruhe und Mannheim;

in Hessen bei Gießen.

Der Antrag auf obligatorische Einführung der Verhältniswahl wurde angenommen. Komm.Ber. S. 34. Der Reichstag ist dem Beschluß der Kommission beigetreten (Sten.Ber. S. 3235 B.).

Der Preußische Handelsminister hat im Ministerialblatt für Handel und Gewerbe 1902 S. 165 Vorschläge zur Regelung des Wahlverfahrens für Gewerbegerichte nach den Grundsätzen der Verhältniswahl veröffentlicht. Außerdem vgl. das Statut des Gewerbegerichts Frankfurt a. M. (Zeitschrift Gewerbegericht VII S. 96), das eine Ergänzungsliste vorsieht, auf welcher die keiner Vorschlagsliste zuzuzählenden Stimmen gesammelt werden. Vgl. außerdem Zeitschrift Gewerbegericht VIII S. 49 ff., 239 ff., IX 249 ff.

§ 13.

Zur Teilnahme an den Wahlen ist berechtigt, wer das fünfundzwanzigste Lebensjahr vollendet hat und in dem Bezirke des Kaufmannsgerichts seine Handelsniederlassung hat oder beschäftigt ist.

Zur Teilnahme an den Wahlen sind nicht berechtigt die im § 10 Abs. 1 bezeichneten Personen.

E. § 12, Begr. S. 11—13, Komm.Ber. S. 34—37, Sten.Ber. S. 399 ff., 412 ff., 3049 ff., 3084 ff., 3226 ff.

1. Die Kommission hatte das 21. Lebensjahr festgesetzt. Dieser Beschluß wurde auch vom Plenum in zweiter Lesung aufrechterhalten (Sten.Ber. S. 3077). In der 3. Lesung wurde die Regierungsvorlage wiederhergestellt, nachdem die Vertreter der verbündeten Regierungen die Herabsetzung für unannehmbar erklärt hatten (Sten.Ber. S. 3235 A).

2. Durch Abs. 2 sind die Frauen auch vom aktiven Wahlrecht ausgeschlossen.

In der Reichstagskommission wurde der Antrag gestellt, den Frauen das aktive Wahlrecht beizulegen. Zwei Gründe sprächen für die Gewährung dieses Rechts, einmal seien eine Menge Frauen im kaufmännischen Gewerbe tätig (1895: 95 000, jetzt 120—130 000), sodann handle es sich bei den Kaufmannsgerichten nicht nur um richterliche Entscheidungen, sondern auch um Begutachtungen, Petitionen usw. und hierbei sollte den Frauen eine gewisse Einflußnahme gestattet werden, zumal bei einer Reihe dabei in Betracht kommender Fragen gerade das weibliche Geschlecht interessiert sei. Ein Bundesratsbevollmächtigter führte aus, der bayerische, sächsische, württembergische und badische Vertreter habe sich entschieden gegen das Frauenwahlrecht ausgesprochen und die preußische Regierung stehe auf demselben Standpunkt. Es handle sich hier nicht lediglich um die Wahrung von Berufsinteressen, es liege die Absicht vor, die vom Reichstage gewünschte Arbeitervertretung auf dem Gewerbe- und Kaufmannsgericht aufzubauen. Diese Vertretung werde aber politische Rechte ausüben, und solche dürfen nach dem Standpunkt der verbündeten Regierungen den Frauen auch nicht indirekt durch Gewährung des aktiven Wahlrechts eingeräumt werden. Das Gesetz sei unannehmbar, wenn das Frauenwahlrecht eingeführt würde. Trotz dieser Erklärung wurde in der Kommission der Antrag, den Frauen das aktive Wahlrecht beizulegen, angenommen. Dieser Beschluß wurde auch in der zweiten Lesung vom Plenum des Reichstages aufrecht erhalten (Sten.Ber. S. 3077). In der dritten Lesung wurde aber dieser Beschluß durch einen Kompromißantrag der Konservativen, Zentrum und Nationalliberalen wieder aufgehoben, nachdem die Vertreter des Bundesrats keinen Zweifel darüber gelassen hatten, daß die verbündeten Regierungen das Gesetz sonst scheitern lassen würden (Sten.Ber. S. 3235 A).

§ 14.

Den Kaufleuten im Sinne der §§ 11 bis 13 stehen gleich die Mitglieder des Vorstandes einer Aktiengesellschaft oder eingetragenen Genossenschaft oder einer als Kaufmann geltenden juristischen Person sowie die Geschäftsführer einer Gesellschaft mit beschränkter Haftung. Vorsteher oder Mitglieder eines verwaltenden oder beschließenden Organs einer Gemeinde oder eines weiteren Kommunalverbandes können zum Vorsitzenden eines Kaufmannsgerichts (§ 11 Abs. 1) auch dann gewählt werden, wenn die Gemeinde oder der weitere Kommunalverband ein Handelsgewerbe betreibt.

E. § 13, Begr. S. 11—13, Komm.Ber. S. 37—38, Sten.Ber. S. 392 ff., 3009 ff.

1. Die Bestimmung in Satz 1 ist notwendig, weil die dort genannten Personen sonst nicht als Kaufleute gelten, weil sie nicht Geschäfte in eigenem Namen abschließen, sondern nur für die Gesellschaft, deren Vertreter sie sind.

2. Die Bestimmung in Satz 2 ist in der Kommission angenommen worden mit Rücksicht auf eine Entscheidung des preußischen Oberverwaltungsgerichts Bd. 25 S. 314, welche die Möglichkeit gebe, daß die Wahlfähigkeit des Vorstehers einer Gemeinde zum Vorsitzenden des Gerichts aus dem Grunde beanstandet werde, daß die Gemeinde ein als kaufmännisch geltendes Gewerbe betreibe (Komm.-Ber. S. 38).

§ 15.

Im übrigen finden auf die Wahlen die Vorschriften des § 15, § 17 Abs. 1, § 18 des Gewerbegerichtsgesetzes entsprechende Anwendung.

Ebenso sind die Vorschriften der §§ 19, 20, § 21 Abs. 1, 3, §§ 22 bis 25, 88 des Gewerbegerichtsgesetzes sinngemäß anzuwenden.

Aus den Handlungsgehilfen entnommene Beisitzer, deren Jahresarbeitsverdienst an Lohn oder Gehalt erst nach der Wahl den Betrag von fünftausend Mark übersteigt, bleiben bis zur nächsten Wahl im Amte.

E. § 14, Begr. S. 12—13, Komm.Ber. S. 38—39, Sten. Ber. S. 392 ff., 3009 ff.

Die angezogenen Bestimmungen des Gewerbegerichtsgesetzes sind die folgenden (§ 88 ist in Anm. 7 zu § 1 zum Abdruck gelangt):

a) § 15 GG. lautet:

§ 15. Die näheren Bestimmungen über die Wahl und das Verfahren bei derselben werden durch das Statut getroffen. Es kann insbesondere festgesetzt werden, dass bestimmte gewerbliche Gruppen je einen oder mehrere Beisitzer zu wählen haben. Auch ist eine Regelung nach den Grundsätzen der Verhältniswahl zulässig; dabei kann die Stimmabgabe auf Vorschlagslisten beschränkt werden, die bis zu einem im Statute festgesetzten Zeitpunkte vor der Wahl einzureichen sind.

Ist in dem Statute bestimmt, dass die Gemeindebehörde Wahllisten aufzustellen hat, so sind die Polizeibehörden sowie Krankenkassen, welche im Bezirke des Gewerbegerichts bestehen oder eine örtliche Verwaltungsstelle haben, verpflichtet, der Gemeindebehörde auf Verlangen die für die Fertigung der Wählerliste für Arbeitgeber und Arbeitnehmer erforderlichen Auskünfte zu geben, insbesondere Einsicht der Mitgliederverzeichnisse beziehungsweise der Gewerbeanzeigen zu gewähren.

§ 15 Abs. 1 GG. ist durch § 12 Abs. 2 Kaufmannsgerichtsges. modifiziert, indem dort die Verhältniswahl obligatorisch gemacht (vgl. die Erläuterungen zu § 12).

b) § 17 Abs. 1 GG. lautet:

§ 17. Beschwerden gegen die Rechtsgültigkeit der Wahlen sind nur binnen eines Monats nach der Wahl zulässig. Sie werden durch die höhere Verwaltungsbehörde entschieden. Dieselbe hat auf erhobene Beschwerde Wahlen, welche gegen das Gesetz oder die auf Grund des Gesetzes erlassenen Wahlvorschriften verstossen, für ungültig zu erklären.

1. Wer zur Erhebung der Beschwerde legitimiert und wo dieselbe zu erheben ist, bestimmt das Gesetz nicht.

2. Über die höhere Verwaltungsbehörde vgl. Anm. 7 zu § 1.

c) § 18 GG.:

§ 18. Sind Wahlen nicht zu Stande gekommen oder wiederholt für ungültig erklärt, so ist die höhere Verwaltungsbehörde befugt,

a) die Wahlen, soweit sie durch Arbeitgeber oder Arbeiter vorzunehmen waren, durch den Magistrat und, wo ein solcher nicht vorhanden ist oder wo das Statut dies bestimmt, durch die Gemeindevertretung, in weiteren Kommunalverbänden durch die Vertretung des Verbandes vornehmen zu lassen;

b) soweit die Wahlen vom Magistrat oder der Gemeindevertretung oder der Vertretung eines weiteren Kommunalverbandes vorzunehmen waren, die Mitglieder selbst zu ernennen.

1. § 18 bezieht sich auf die Wahlen der Beisitzer wie der Vorsitzenden und Stellvertreter.

2. Höhere Verwaltungsbehörde vgl. Anm. 7 § 1.

d) § 19 GG.:

§ 19. Namen und Wohnort der Mitglieder des Gewerbegerichts werden nach näherer Bestimmung des Statuts öffentlich bekannt gemacht.

e) § 20 GG.:

§ 20. Das Amt der Beisitzer ist ein Ehrenamt. Die Übernahme kann nur aus den Gründen verweigert werden, welche zur Ablehnung eines unbesoldeten Gemeindeamts berechtigen. Wo landesgesetzliche Bestimmungen über die zur Ablehnung von Gemeindeämtern berechtigenden Gründe nicht bestehen, darf die Übernahme nur aus denselben Gründen verweigert werden, aus welchen das Amt eines Vormundes abgelehnt werden kann. Wer das Amt eines Beisitzers sechs Jahre versehen hat, kann während der nächsten sechs Jahre die Übernahme des Amtes ablehnen. Ablehnungsgründe gewählter Beisitzer sind nur zu berücksichtigen, wenn dieselben, nachdem der beteiligte Beisitzer von seiner Wahl in Kenntnis gesetzt ist, schriftlich geltend gemacht werden. Über den Ablehnungsantrag entscheidet die im § 12 Abs. 2 bezeichnete Stelle.

Die Beisitzer erhalten für jede Sitzung, der sie beigewohnt haben, Vergütung etwaiger Reisekosten und eine Entschädigung für Zeitversäumnis. Die Höhe der letzteren ist durch das Statut festzusetzen; eine Zurückweisung derselben ist unstatthaft.

1. Zu Abs. 1: Eine Besoldung der Beisitzer ist ausgeschlossen; dagegen vorgeschrieben Vergütung etwaiger Reisekosten und Entschädigung für Zeitversäumnis.

2. Über Ablehnung von Gemeindeämtern bestimmt § 74 der Städte-Ordnung für die sechs östlichen Provinzen der Preuß. Monarchie vom 30. Mai 1853 folgendes:

„Ein jeder stimmfähiger Bürger ist verpflichtet, eine unbesoldete Stelle in der Gemeindeverwaltung oder -Vertretung anzunehmen, sowie eine angenommene Stelle mindestens drei Jahre lang zu versehen.

Zur Ablehnung oder zur früheren Niederlegung einer solchen Stelle berechtigen nur folgende Entschuldigungsgründe:

1. anhaltende Krankheit;
2. Geschäfte, die eine häufige oder lange dauernde Abwesenheit mit sich bringen;
3. ein Alter über sechzig Jahre;
4. die früher stattgehabte Verwaltung einer unbesoldeten Stelle für die nächsten drei Jahre;
5. die Verwaltung eines anderen öffentlichen Amtes;
6. ärztliche oder wundärztliche Praxis;
7. sonstige besondere Verhältnisse, welche nach dem Ermessen der Stadtverordneten-Versammlung eine gültige Entschuldigung begründen."

Die Vormundschaft kann nach § 1786 BGB. ablehnen:

1. eine Frau;
2. wer das sechzigste Lebensjahr vollendet hat;
3. wer mehr als vier minderjährige eheliche Kinder hat; ein von einem Anderen an Kindesstatt angenommenes Kind wird nicht gerechnet;
4. wer durch Krankheit oder durch Gebrechen verhindert ist, die Vormundschaft ordnungsmäßig zu führen;
5. wer wegen Entfernung seines Wohnsitzes von dem Sitze des Vormundschaftsgerichts die Vormundschaft nicht ohne besondere Belästigung führen kann;
6. wer nach § 1844 zur Sicherheitsleistung angehalten wird;
7. wer mit einem Anderen zur gemeinschaftlichen Führung der Vormundschaft bestellt werden soll;

8. wer mehr als eine Vormundschaft oder Pflegschaft führt; die Vormundschaft oder Pflegschaft über mehrere Geschwister gilt nur als eine; die Führung von zwei Gegenvormundschaften steht der Führung einer Vormundschaft gleich.

3. Die in Abs. 2 bezeichneten Vergütigungen bilden keinen Teil der Prozeßkosten, sondern gehören zu den Kosten der Unterhaltung des Gerichts im Sinne des § 8 Abs. 1 Kaufmannsgerichtsges.

f) § 21 Abs 1 u. 3 GG.:

§ 21. Ein Mitglied des Gewerbegerichts, hinsichtlich dessen Umstände eintreten oder bekannt werden, welche die Wählbarkeit zu dem von ihm bekleideten Amte nach Massgabe dieses Gesetzes ausschliessen, ist des Amtes zu entheben. Die Enthebung erfolgt durch die höhere Verwaltungsbehörde nach Anhörung des Beteiligten.

Ein Mitglied des Gewerbegerichts, welches sich einer groben Verletzung seiner Amtspflicht schuldig macht, kann seines Amtes entsetzt werden. Die Entsetzung erfolgt durch das Landgericht, in dessen Bezirke das Gewerbegericht seinen Sitz hat. Hinsichtlich des Verfahrens und der Rechtsmittel finden die Vorschriften entsprechende Anwendung, welche für die zur Zuständigkeit der Landgerichte gehörigen Strafsachen gelten. Die Klage wird von der Staatsanwaltschaft auf Antrag der höheren Verwaltungsbehörde erhoben.

1. Zu Abs. 1: Höhere Verwaltungsbehörde s. Anm. 7 zu § 1.

Gegen die Entscheidung der höheren Verwaltungsbehörde ist nach Maßgabe des Landesrechtes der Instanzenzug gegeben. Die Bestimmungen des § 21 Abs. 1 u. 3 beziehen sich auch auf Vorsitzende und Stellvertreter.

2. Zu Abs. 3: Das hier vorgesehene Verfahren schließt ein konkurrierendes Disziplinarverfahren nicht aus. A. M. Wilhelmi-Bewer Anm. 5 zu § 21.

Zur Dienstaufsicht über die Gewerbegerichte in Preußen erging Erl. der Minister des Innern und für Handel und Gewerbe vom 18. Aug. 1898, MBl. f. d. i. V. vom 30. Sept. 1898 S. 188 und 30. Mai 1899 Gewerbegericht VI. S. 301.

g) § 22 GG.:

§ 22. Der Vorsitzende des Gewerbegerichts und dessen Stellvertreter sind vor ihrem Amtsantritte durch den von der höheren Verwaltungsbehörde beauftragten Beamten, die Beisitzer vor der ersten Dienstleistung durch den Vorsitzenden auf die Erfüllung der Obliegenheiten des ihnen übertragenen Amtes eidlich zu verpflichten.

1. Über höhere Verwaltungsbehörde s. Anm. 7 zu § 1. Über die Vereidigung vgl. für Preußen Erlaß der Minister für Handel u. Gewerbe und des Innern v. 17. Febr. 1891 (MBl. d. i. V. S. 26):

a) Behufs Vereidigung derjenigen Mitglieder eines Gewerbegerichts, welche den Staatsdienereid abgelegt haben, oder als Mitglieder eines Gewerbegerichts bereits vereidet worden sind, genügt der Hinweis auf den früher geleisteten Eid.

b) Die Vereidigung der übrigen Mitglieder eines Gewerbegerichts hat in folgender Weise zu geschehen:

Der mit der Vereidigung beauftragte Beamte oder Vorsitzende des Gewerbegerichts richtet an die zu Vereidigenden die Worte:

„Sie schwören bei Gott dem Allmächtigen und Allwissenden, die Pflichten eines Vorsitzenden (Beisitzers) des Gewerbegerichts getreulich zu erfüllen und Ihre Stimme nach bestem Wissen und Gewissen abzugeben."

Die zu Vereidigenden leisten alsdann den Eid, indem jeder unter Erheben der rechten Hand die Worte spricht:

„Ich schwöre es, so wahr mir Gott helfe."

Dem Schwörenden bleibt es dabei überlassen, diesen Eidesworten die seinem religiösen Bekenntnisse entsprechende Bekräftigungsformel hinzuzufügen. Ist der zu Vereidigende Mitglied einer Religionsgesellschaft, welcher das Gesetz den Gebrauch gewisser Beteuerungsformeln an Stelle des Eides gestattet, so wird die Abgabe einer Erklärung unter der Beteuerungsformel dieser Religionsgesellschaft der Eidesleistung gleich geachtet.

Über die Vereidigung wird ein Protokoll aufgenommen.

h) § 23 GG.:

§ 23. Beisitzer, welche ohne genügende Entschuldigung zu den Sitzungen nicht rechtzeitig sich einfinden oder ihren Obliegenheiten in anderer Weise sich entziehen, sind zu einer Ordnungsstrafe bis zu dreihundert Mark sowie in die verursachten Kosten zu verurteilen. Die Verurteilung wird durch den Vorsitzenden ausgesprochen. Erfolgt nachträglich genügende Entschuldigung, so kann die Verurteilung ganz oder teilweise zurückgenommen werden.

Gegen die Entscheidungen findet Beschwerde an das Landgericht statt, in dessen Bezirke das Gewerbegericht seinen Sitz hat. Das Verfahren richtet sich nach den Vorschriften der Strafprozessordnung.

1. Zu Abs. 1: Umwandlung der Ordnungsstrafe in Haft ist nicht vorgesehen, daher nicht statthaft. Vollstreckung der Geldstrafe auf Grund vollstreckbarer Ausfertigung durch Gerichtsvollzieher. Für Einziehung der Kosten ist § 59 Abs. 2 entsprechend anzuwenden (so auch v. Schulz Anm. 7 und Wilhelmi-Bewer Anm. 5 zu § 23).

2. Zu Abs. 2: Die in Betracht kommenden Vorschriften der Strafprozeßordnung sind die §§ 348 bis 352.

i) § 24 GG.:

§ 24. Das Gewerbegericht verhandelt und entscheidet, soweit nicht in diesem Gesetz ein Anderes bestimmt ist, in der Besetzung von drei Mitgliedern mit Einschluss des Vorsitzenden.

Durch das Ortsstatut kann bestimmt werden, dass allgemein oder für gewisse Streitigkeiten eine grössere Zahl von Beisitzern zuzuziehen ist.

In gleicher Weise ist zu bestimmen, nach welchen Grundsätzen der Vorsitzende die einzelnen Beisitzer zuzuziehen hat.

Arbeitgeber und Arbeiter müssen stets in gleicher Zahl zugezogen werden.

1. Zu Abs. 1: Über die Ausnahmefälle anderweiter Besetzung s. §§ 23, 54 Abs. 1, 2, 4, 67 GG.

Die Zuziehung von Ergänzungsbeisitzern ist gemäß § 53 Abs. 3 GG., § 194 GVG. zulässig.

2. Zu Abs. 4: Ist die Vorschrift des Abs. 4 verletzt, findet Nichtigkeitsklage statt (§ 579 Nr. 1 CPO.).

k) § 25 GG.:

§ 25. Bei jedem Gewerbegerichte wird eine Gerichtsschreiberei eingerichtet.

Für die Bewirkung der Zustellungen in dem Verfahren vor den Gewerbegerichten können an Stelle der Gerichtsvollzieher Gemeindebeamte verwendet werden.

1. Die Einrichtung der Gerichtsschreiberei ist obligatorisch.

2. Der Gerichtsschreiber gehört zu den Gerichtspersonen im Sinne des § 29 GG. Über die Beeidigung für Preußen s. Bekanntmachung der Minister für Handel

und Gewerbe und des Innern vom 17. Febr. 1891 (Fortsetzung des zu § 22 abgedruckten Erlasses):

„Vorstehende Bestimmungen finden auf die Verpflichtung der bei den Gewerbegerichten amtierenden Gerichtsschreiber, welche mit Rücksicht auf den § 24 (jetzt 26) a. a. O. und im Hinblick auf die Vorschrift des § 9 Absatz 3 des Gesetzes betreffend die Dienstverhältnisse der Gerichtsschreiber vom 3. März 1879 ebenfalls zu vereidigen sind, mit der Maßgabe entsprechende Anwendung, daß bei der Vereidigung dieser Personen, welche durch die Vorsitzenden der Gewerbegerichte zu erfolgen hat, in der Eidesformel an die Stelle der Worte „Vorsitzenden (Beisitzers)“ das Wort „Gerichtsschreibers“ tritt und die Worte „und Ihre Stimme nach bestem Wissen und Gewissen abzugeben“ in Fortfall kommen.“

Dem Gerichtsschreiber liegt im wesentlichen ob (nach der Aufstellung Wilhelmi-Bewer Anm. 3):

a) die Aufnahme der Klage und sonstiger Anträge zu Protokoll (§§ 36, 32 Abs. 3 GG., §§ 44, 107, 118, 381, 386, 388, 406, 486, 569, 573, 920 CPO.),

b) die Bewirkung der Zustellungen und Beglaubigung der bei denselben zu übergebenden Abschriften (§§ 32, 33 GG.),

c) die Ladung der Parteien zu den Verhandlungsterminen (§ 35 GG.),

d) die Führung der Protokolle über die Verhandlungen vor dem Gewerbegerichte (§ 47 GG.) und über die Beweisaufnahmeverhandlungen, welche der Vorsitzende im Falle des § 43 Abs. 1 des GG. bewirkt (§ 165 CPO.),

e) die Entgegennahme der eingereichten Klagen und sonstigen Schriftsätze, soweit in dieser Hinsicht durch das Statut nicht etwa abweichende Bestimmungen getroffen sein sollten,

f) die Bemerkung des Tages der Verkündung und des Aushangs auf den Urteilen des Gewerbegerichts und das Aushängen eines Verzeichnisses derselben (§§ 315, 316 CPO., vgl. unten § 48 Abs. 1 Anm. 3),

g) die Erteilung von Zeugnissen über die Rechtskraft und von Vollstreckungsklauseln (§§ 706, 724 CPO.),

h) die Mitwirkung bei der Erteilung des Auftrages zur Zwangsvollstreckung (§ 753 CPO.),

i) die Aufbewahrung des nach § 1039 CPO. niedergelegten Schiedsspruchs über eine unter § 4 des GG. fallende Streitigkeit,

k) die Führung der in den statutarisch oder anderweit ergangenen Dienstanweisungen bezeichneten Register und die Aufbewahrung der Akten.

3. Zu Abs. 2: Zur Bewirkung von Zustellungen werden in der Regel Gemeindebeamte verwendet. Zur Ausführung von Zwangsvollstreckungen (§ 7 Abs. 4) und zur Vollstreckung von Ordnungsstrafen sind Gerichtsvollzieher zu verwenden.

Für Preußen vgl. Gerichtsvollzieherordnung vom 31. Mai 1900 (JMBl. S. 345), Geschäftsanweisung für Gerichtsvollzieher vom 1. Dez 1899 (JMBl. S. 651). Über die Gebühren vgl. Gebührenordnung für Gerichtsvollzieher in der Fassung vom 20. Mai 1898 (JMBl. S. 721).

Verfahren.

§ 16.

Auf das Verfahren vor den Kaufmannsgerichten finden die Vorschriften der §§ 26 bis 61 des Gewerbegerichtsgesetzes mit der Maßgabe entsprechende Anwendung, daß die Berufung gegen die Urteile der Kaufmannsgerichte nur zulässig ist, wenn der Wert

des Streitgegenstandes den Betrag von dreihundert Mark übersteigt.

Die Vorschrift im § 11 der Zivilprozeßordnung über die bindende Wirkung der rechtskräftigen Entscheidung, durch welche ein Gericht sich für sachlich unzuständig erklärt hat, findet auch in dem Verhältnisse der Kaufmannsgerichte und der Gewerbegerichte Anwendung.

Wird bei dem Kaufmannsgericht eine vor das Gewerbegericht gehörige Klage erhoben, so hat das Kaufmannsgericht, sofern für die Verhandlung und Entscheidung derselben ein Gewerbegericht besteht, durch Beschluß seine Unzuständigkeit auszusprechen und den Rechtsstreit an das Gewerbegericht zu verweisen. Eine Anfechtung des Beschlusses findet nicht statt; mit der Verkündung des Beschlusses gilt der Rechtsstreit als bei dem Gewerbegericht anhängig. Die in dem Verfahren vor dem Kaufmannsgericht erwachsenen Kosten werden als Teil der bei dem Gewerbegericht erwachsenen Kosten behandelt. Diese Vorschriften finden entsprechende Anwendung, wenn bei dem Gewerbegericht eine vor das Kaufmannsgericht gehörige Klage erhoben wird.

E. § 15, Begr. S. 13—14, Komm.Ber. S. 39—47, Sten.Ber. S. 406, 411 ff., 418 3078 ff., 2235.

1. Durch Abs. 1 ist das Gewerbegerichtsverfahren auf das Verfahren vor den Kaufmannsgerichten für anwendbar erklärt. Die diesbezüglichen Bestimmungen des Gewerbegerichtsgesetzes gelangen deshalb zum Abdruck und zur Erläuterung.

2. Abs. 2 entspricht § 28 GG., vgl. die dortigen Erläuterungen.

§ 26 GG. Auf das Verfahren vor den Gewerbegerichten finden, soweit im Nachstehenden nicht besondere Bestimmungen getroffen sind, die für das amtsgerichtliche Verfahren geltenden Vorschriften der Civilprozessordnung entsprechende Anwendung.

1. Die Grundlage für das Verfahren vor den Kaufmannsgerichten bildet hiernach das amtsgerichtliche Verfahren. Auf das Verfahren vor den Amtsgerichten finden nach § 495 CPO. die Vorschriften über das Verfahren vor den Landgerichten Anwendung, soweit nicht aus den allgemeinen Bestimmungen des ersten Buchs der CPO., aus den besonderen Bestimmungen und aus der Verfassung der Amtsgerichte sich Abweichungen ergeben.

2. Von den besonderen Bestimmungen der CPO. über das amtsgerichtliche Verfahren sind ersetzt § 496 durch § 36 GG., § 497 durch § 32 GG., § 498 durch § 35 Abs. 2 GG., § 499 durch § 36 Abs. 2 GG., § 500 durch § 37 GG., § 501 durch § 32 GG., § 503 durch § 42 GG.

§§ 505 und 506 sind nicht anwendbar.

3. Das leitende Prinzip des gewerbe- und somit kaufmannsgerichtlichen Verfahrens besteht darin, daß in allen Stadien des Verfahrens das Gericht von Amts wegen für den Fortgang des Rechtsstreits sorgt, die erforderlichen Verhandlungstermine von Amts wegen ansetzt, die Zustellungen und Ladungen durch den Gerichtsschreiber ausführen läßt.

4. Die im Verfahren vor den Kaufmannsgerichten anwendbaren Vorschriften des II. Abschnitts II. Buchs der CPO. lauten (s. Cuno, Anm. 2 zu § 26).

§ 502. Auch wenn eine Partei nicht zu laden ist, können ihr Anträge und Erklärungen, auf welche sie ohne vorgängige Mitteilung voraussichtlich eine Erklärung in einer mündlichen Verhandlung nicht abzugeben vermag, durch Zustellung eines Protokolls des Gerichtsschreibers mitgeteilt werden.

Diese Mitteilung kann auch unmittelbar und ohne besondere Form geschehen.

§ 504. Die Vorschrift, daß prozeßhindernde Einreden gleichzeitig und vor der Verhandlung zur Hauptsache vorzubringen sind, findet nur insoweit Anwendung, als die Einrede der Unzuständigkeit des Gerichts vor der Verhandlung zur Hauptsache geltend zu machen ist.

Ist das Amtsgericht sachlich unzuständig, so hat es vor der Verhandlung des Beklagten zur Hauptsache denselben auf die Unzuständigkeit aufmerksam zu machen.

Auf Grund prozeßhindernder Einreden darf die Verhandlung zur Hauptsache nicht verweigert werden; das Gericht kann jedoch die abgesonderte Verhandlung über diese Einreden auch von Amts wegen anordnen.

§ 507. Wegen unterbliebener Erklärung ist eine Urkunde nur dann als anerkannt anzusehen, wenn die Partei durch das Gericht zur Erklärung über die Echtheit der Urkunde aufgefordert ist.

§ 508. Die Vorschriften des § 261 Abs. 2, des § 297 und der §§ 348—354 finden auf das Verfahren vor den Amtsgerichten keine Anwendung.

§ 509. Anträge, sowie die Erklärungen über Annahme oder Zurückschiebung zugeschobener Eide sind durch das Sitzungsprotokoll festzustellen; anstatt der Feststellung genügt die Bezugnahme auf den Inhalt eines vorbereitenden Schriftsatzes.

Sonstige Erklärungen einer Partei, insbesondere Geständnisse, sind durch das Protokoll insoweit festzustellen, als das Gericht bei dem Schlusse der mündlichen Verhandlung die Feststellung für angemessen erachtet.

§ 510. Wer eine Klage zu erheben beabsichtigt, kann unter Angabe des Gegenstandes seines Anspruchs zum Zwecke eines Sühneversuchs den Gegner vor das Amtsgericht laden, vor welchem dieser seinen allgemeinen Gerichtsstand hat.

Erscheinen beide Parteien, und wird ein Vergleich geschlossen, so ist derselbe zu Protokoll festzustellen. Kommt ein Vergleich nicht zu Stande, so wird auf Antrag beider Parteien der Rechtsstreit sofort verhandelt; die Erhebung der Klage erfolgt in diesem Falle durch den mündlichen Vortrag derselben.

Ist der Gegner nicht erschienen oder der Sühneversuch erfolglos geblieben, so werden die erwachsenen Kosten als Teil der Kosten des Rechtsstreits behandelt.

5. Das Mahnverfahren §§ 688—703 CPO. findet keine Anwendung, weil nach §§ 36 ff. Entscheidung nur auf Grund mündlicher Verhandlung möglich. So auch Wilhelmi-Bewer Anm. 5, Cuno Anm. 3.

6. Die Vorschriften des GVG. §§ 201 ff. über Gerichtsferien sind nicht anwendbar, weil diese Vorschriften nach § 2 EG. z. GVG. v. 27. Jan. 1877 nur für die ordentliche streitige Gerichtsbarkeit gelten.

§ 27 GG. Zuständig ist dasjenige Gewerbegericht, in dessen Bezirke die streitige Verpflichtung zu erfüllen ist oder sich die gewerbliche Niederlassung des Arbeitgebers befindet oder beide Parteien ihren Wohnsitz haben.

Unter mehreren zuständigen Gewerbegerichten hat der Kläger die Wahl.

1. Die örtliche Zuständigkeit wird begründet entweder durch den Ort der Erfüllung (vgl. § 269 BGB.) oder durch kaufmännische Niederlassung des Prinzipals

(§ 21 CPO.) oder den Wohnsitz beider Parteien (§ 13 CPO.). Den Parteien bleibt es unbenommen, in Gemäßheit der §§ 38—40 CPO. die Entscheidung einem anderen Kaufmannsgericht zu übertragen; dagegen ist gemäß § 6 Abs. 1 die Zuständigkeit des ordentlichen Gerichts ausgeschlossen. Stillschweigende Vereinbarung gemäß § 39 CPO. ist anzunehmen, wenn der Beklagte, ohne die Unzuständigkeit geltend zu machen, zur Hauptsache mündlich verhandelt.

2. Für die Widerklage maßgebend sind §§ 33, 280 CPO. Dieselben lauten:

§ 33 CPO. Bei dem Gerichte der Klage kann eine Widerklage erhoben werden, wenn der Gegenanspruch mit dem in der Klage geltend gemachten Anspruche oder mit den gegen denselben vorgebrachten Verteidigungsmitteln in Zusammenhang steht.

Diese Bestimmung findet keine Anwendung, wenn die Zuständigkeit des Gerichts für eine Klage wegen des Gegenanspruchs auch durch Vereinbarung nicht würde begründet werden können.

§ 280 CPO. Bis zum Schlusse derjenigen mündlichen Verhandlung, auf welche das Urteil ergeht, kann der Kläger durch Erweiterung des Klagantrags, der Beklagte durch Erhebung einer Widerklage beantragen, daß ein im Laufe des Prozesses streitig gewordenes Rechtsverhältnis, von dessen Bestehen oder Nichtbestehen die Entscheidung des Rechtsstreits ganz oder zum Teile abhängt, durch richterliche Entscheidung festgestellt werde.

3. Über die prozessuale Behandlung der Aufrechnung bestimmen § 145 Abs. 3 und § 302 CPO. folgendes:

§ 145 Abs. 3. Macht der Beklagte die Aufrechnung einer Gegenforderung geltend, welche mit der in der Klage geltend gemachten Forderung nicht in rechtlichem

Zusammenhange steht, so kann das Gericht anordnen, daß über die Klage und über die Aufrechnung getrennt verhandelt werde; die Vorschriften des § 302 finden Anwendung.

§ 302 CPO. Hat der Beklagte die Aufrechnung einer Gegenforderung geltend gemacht, welche mit der in der Klage geltend gemachten Forderung nicht in rechtlichem Zusammenhange steht, so kann, wenn nur die Verhandlung über die Forderung zur Entscheidung reif ist, diese unter Vorbehalt der Entscheidung über die Aufrechnung erfolgen.

Enthält das Urteil keinen Vorbehalt, so kann die Ergänzung des Urteils nach Vorschrift des § 321 beantragt werden.

Das Urteil, welches unter Vorbehalt der Entscheidung über die Aufrechnung ergeht, ist in Betreff der Rechtsmittel und der Zwangsvollstreckung als Endurteil anzusehen.

In Betreff der Aufrechnung, über welche die Entscheidung vorbehalten ist, bleibt der Rechtsstreit anhängig. Soweit sich in dem weiteren Verfahren ergibt, daß der Anspruch des Klägers unbegründet war, ist das frühere Urteil aufzuheben, der Kläger mit dem Anspruch abzuweisen und über die Kosten anderweit zu entscheiden. Der Kläger ist zum Ersatze des Schadens verpflichtet, der dem Beklagten durch die Vollstreckung des Urteils oder durch eine zur Abwendung der Vollstreckung gemachte Leistung entstanden ist. Der Beklagte kann den Anspruch auf Schadensersatz in dem anhängigen Rechtsstreite geltend machen; wird der Anspruch geltend gemacht, so ist er als zur Zeit der Zahlung oder Leistung rechtshängig geworden anzusehen.

Diese Paragraphen bringen im Hinblick auf den Beschluß der vereinigten Civilsenate des Reichsgerichts vom 10. April 1893 Entsch. Bd. XXXI S. 1 ff. den Grundsatz zum Ausdruck, daß über die Aufrechnung im getrennten Prozeß verhandelt wird, falls der rechtliche Zusammenhang von Forderung und Gegenforderung fehlt. Allein die richterliche Teilungsanordnung ist nicht Ausscheidung der Kompensationseinrede, vielmehr ist in demselben Verfahren auch über die Einrede zu entscheiden. So kommt es, daß das Kaufmannsgericht auch für den Fall zuständig ist, daß die Kompensationsforderung an sich nicht zur Zuständigkeit der Kaufmannsgerichte gehört (so auch Wilhelmi-Bewer Anm. 8, Cuno Anm. 4).

§ 28 GG. Die Vorschrift im § 11 der Civilprozessordnung über die bindende Wirkung der rechtskräftigen Entscheidung, durch welche ein Gericht sich für sachlich unzuständig erklärt hat, findet in dem Verhältnisse der Gewerbegerichte und der ordentlichen Gerichte Anwendung. Eine solche Entscheidung des ordentlichen Gerichts ist auch insoweit, als sie auf der Annahme der örtlichen Zuständigkeit eines bestimmten Gewerbegerichts beruht, für das letztere bindend.

1. § 28 GG. entspricht § 16 Abs. 2 Kaufmannsgerichte.

§ 11 CPO. lautet:

„Ist die Unzuständigkeit eines Gerichts auf Grund der Bestimmungen über die sachliche Zuständigkeit der Gerichte rechtskräftig ausgesprochen, so ist diese Entscheidung für das Gericht bindend, bei welchem die Sache später anhängig wird."

Durch § 11 soll die Möglichkeit widersprechender Entscheidungen über die sachliche Zuständigkeit tunlichst vermieden werden. Wenn ein Gericht sich für sachlich unzuständig erklärt hat, dann soll die Frage der sachlichen Unzuständigkeit nicht nochmals bei einem anderen Gericht zur Erörterung und Entscheidung gebracht werden. Diese Bestimmung bezieht sich nur auf das

Verhältnis der ordentlichen Gerichte, auf das Verhältnis der Sondergerichte nur dann, wenn diesbezüglich eine besondere Vorschrift getroffen ist. Ein solche ist für die Gewerbegerichte in § 28 getroffen. Diese Vorschrift ist nunmehr auch auf das Verhältnis der Kaufmannsgerichte und ordentlichen Gerichte für anwendbar erklärt und zwar mit der Erweiterung durch § 16 Abs. 2, daß dieser Grundsatz auch im Verhältnis der Kaufmannsgerichte und Gewerbegerichte Anwendung findet.

Ferner sind hier anwendbar die **§§ 276, 505 CPO.**

§ 276 CPO. lautet:

„Wird die Unzuständigkeit des Gerichts auf Grund der Bestimmungen über die sachliche Zuständigkeit der Gerichte ausgesprochen, so ist zugleich auf Antrag des Klägers der Rechtsstreit an ein bestimmtes Amtsgericht des Bezirks zu verweisen. Ist das Urteil rechtskräftig, so gilt der Rechtsstreit als bei dem Amtsgerichte anhängig."

§ 505 CPO. lautet:

„Wird die Unzuständigkeit des Gerichts auf Grund der Bestimmungen über die sachliche Zuständigkeit der Gerichte ausgesprochen, so ist zugleich auf Antrag des Klägers der Rechtsstreit an das Landgericht zu verweisen.

Ist das Urteil rechtskräftig, so gilt der Rechtsstreit als bei dem Landgerichte anhängig."

Es sind hiernach folgende Fälle zu unterscheiden:

a) Erklärt das Kaufmannsgericht sich für unzuständig, weil die Klage vor das Gewerbegericht gehört, so hat das Kaufmannsgericht, sofern ein zuständiges Gewerbegericht besteht, den Rechtsstreit an das Gewerbegericht zu verweisen. Mit der Verkündung des Beschlusses gilt der Rechtsstreit als bei dem Gewerbegericht anhängig. Dasselbe ist umgekehrt der Fall, wenn bei dem Gewerbegericht eine vor das Kaufmannsgericht gehörige Klage erhoben wird (§ 16 Abs. 3 KG.).

b) Erklärt das ordentliche Gericht sich für sachlich unzuständig, dann hat dasselbe die Sache nach §§ 276, 505 in Verbindung mit § 28 GG. an das Kaufmannsgericht zu verweisen (so auch v. Schulz Anm. 2). A. M. Wilhelmi-Bewer, welche ausführen, daß die §§ 276, 505 im Verfahren vor den ordentlichen Gerichten nur im Verhältnis der ordentlichen Gerichte gelten, und daß hier keine dem § 26 GG. entsprechende Vorschrift bestehe, nach welcher das ordentliche Gericht befugt wäre, die §§ 276, 505 auch in seinem Verhältnis zu den Gewerbegerichten anzuwenden. Allein dem kann entgegengehalten werden, daß die §§ 276, 505 CPO. nur ein Ausfluß des in § 11 CPO. enthaltenen Gedankens sind und daß deshalb keine Erweiterung im Wege der Analogie vorliegt, sondern lediglich Anwendung des in § 11 enthaltenen Prinzips, welches auch für die Kaufmannsgerichte gilt.

c) Hat das ordentliche Gericht sich für sachlich unzuständig erklärt, so steht die sachliche Zuständigkeit des Kaufmannsgerichts im Verhältnis zu den ordentlichen Gerichten fest, § 28 GG.;

d) hat das Kaufmannsgericht in seinem Verhältnis zu den ordentlichen Gerichten sich für sachlich unzuständig erklärt, so folgt für die letzteren ihre sachliche, nicht die örtliche Zuständigkeit, § 28 GG.

e) Die Entscheidung des ordentlichen Gerichts ist nicht nur in Bezug auf die sachliche, sondern auch in Bezug auf die örtliche Zuständigkeit für das Kaufmannsgericht maßgebend; dagegen ist nach der Fassung des zweiten Satzes im § 28 die Entscheidung des Gewerbe- und Kaufmannsgerichts für das ordentliche Gericht nicht bindend in Bezug auf die örtliche Zuständigkeit.

f) Wenn sowohl das Kaufmanns- wie das ordentliche Gericht sich für unzuständig erklären, so findet § 36 CPO. Ziff. 6 Anwendung.

§ 29 GG. Über Gesuche wegen Ablehnung von Gerichtspersonen entscheidet das Gewerbegericht.

Anwendbar sind hier **§§ 41 bis 49 CPO.**, welche wie folgt lauten:

§ 41. Ein Richter ist von der Ausübung des Richteramts kraft Gesetzes ausgeschlossen:

1. in Sachen, in welchen er selbst Partei ist, oder in Ansehung welcher er zu einer Partei in dem Verhältnisse eines Mitberechtigten, Mitverpflichteten oder Regreßpflichtigen steht;
2. in Sachen seiner Ehefrau, auch wenn die Ehe nicht mehr besteht;
3. in Sachen einer Person, mit welcher er in gerader Linie verwandt, verschwägert oder durch Adoption verbunden, in der Seitenlinie bis zum dritten Grade verwandt oder bis zum zweiten Grade verschwägert ist, auch wenn die Ehe, durch welche die Schwägerschaft begründet ist, nicht mehr besteht;
4. in Sachen, in welchen er als Prozeßbevollmächtigter oder Beistand einer Partei bestellt oder als gesetzlicher Vertreter einer Partei aufzutreten berechtigt ist oder gewesen ist;
5. in Sachen, in welchen er als Zeuge oder Sachverständiger vernommen ist;
6. in Sachen, in welchen er in einer früheren Instanz oder im schiedsrichterlichen Verfahren bei der Erlassung der angefochtenen Entscheidung mitgewirkt hat, sofern es sich nicht um die Tätigkeit eines beauftragten oder ersuchten Richters handelt.

§ 42. Ein Richter kann sowohl in den Fällen, in welchen er von der Ausübung des Richteramts kraft Gesetzes ausgeschlossen ist, als auch wegen Besorgnis der Befangenheit abgelehnt werden.

Wegen Besorgnis der Befangenheit findet die Ablehnung statt, wenn ein Grund vorliegt, welcher geeignet ist, Mißtrauen gegen die Unparteilichkeit eines Richters zu rechtfertigen.

Das Ablehnungsrecht steht in jedem Falle beiden Parteien zu.

§ 43. Eine Partei kann einen Richter wegen Besorgnis der Befangenheit nicht mehr ablehnen, wenn sie bei demselben, ohne den ihr bekannten Ablehnungsgrund geltend zu machen, in eine Verhandlung sich eingelassen oder Anträge gestellt hat.

§ 44. Das Ablehnungsgesuch ist bei dem Gerichte, welchem der Richter angehört, anzubringen; es kann vor dem Gerichtsschreiber zu Protokoll erklärt werden.

Der Ablehnungsgrund ist glaubhaft zu machen; zur Versicherung an Eidesstatt darf die Partei nicht zugelassen werden. Zur Glaubhaftmachung kann auf das Zeugnis des abgelehnten Richters Bezug genommen werden.

Der abgelehnte Richter hat sich über den Ablehnungsgrund dienstlich zu äußern.

Wird ein Richter, bei welchem die Partei in eine Verhandlung sich eingelassen oder Anträge gestellt hat, wegen Besorgnis der Befangenheit abgelehnt, so ist glaubhaft zu machen, daß der Ablehnungsgrund erst später entstanden oder der Partei bekannt geworden sei.

§ 45. Über das Ablehnungsgesuch entscheidet das Gericht, welchem der Abgelehnte angehört; wenn dasselbe durch Ausscheiden des abgelehnten Mitgliedes beschlußunfähig wird, das im Instanzenzuge zunächst höhere Gericht.

Wird ein Amtsrichter abgelehnt, so entscheidet das Landgericht. Einer Entscheidung bedarf es nicht, wenn der Amtsrichter das Ablehnungsgesuch für begründet hält.

§ 46. Die Entscheidung über das Ablehnungsgesuch kann ohne vorgängige mündliche Verhandlung erfolgen.

Gegen den Beschluß, durch welchen das Gesuch für begründet erklärt wird, findet kein Rechtsmittel; gegen den Beschluß, durch welchen das Gesuch für unbegründet erklärt wird, findet sofortige Beschwerde statt.

§ 47. Ein abgelehnter Richter hat vor Erledigung des Ablehnungsgesuchs nur solche Handlungen vorzunehmen, welche keinen Aufschub gestatten.

§ 48. Das für die Erledigung eines Ablehnungsgesuchs zuständige Gericht hat auch dann zu entscheiden, wenn ein solches Gesuch nicht angebracht ist, ein Richter aber von einem Verhältnisse Anzeige macht, welches seine Ablehnung rechtfertigen könnte, oder wenn aus anderer Veranlassung Zweifel darüber entstehen, ob ein Richter kraft Gesetzes ausgeschlossen sei.

Die Entscheidung erfolgt ohne vorgängiges Gehör der Parteien.

§ 49. Die Bestimmungen dieses Titels finden auf den Gerichtsschreiber entsprechende Anwendung; die Entscheidung erfolgt durch das Gericht, bei welchem der Gerichtsschreiber angestellt ist.

Hieraus ergibt sich folgendes:

Erfolgt die Ablehnung in der mündlichen Verhandlung, so entscheidet das verhandelnde Gewerbe- bezw. Kaufmannsgericht mit Ausschluß des abgelehnten Mitgliedes. Ist das Gericht infolge der Ablehnung nicht beschlußfähig (§ 24 GG.) und die Zuziehung eines Ersatzmitgliedes nicht möglich, so entscheidet die Civilkammer des Landgerichts (§ 45 Abs. 1 CPO.) Erfolgt die Ablehnung vor der mündlichen Verhandlung, so entscheidet der Vorsitzende bezw. dessen Stellvertreter allein (§ 46 Abs. 1 CPO., § 53 GG., Sten.Ber. S. 642, 643).

Zu den Gerichtspersonen im Sinne des § 29 zählt auch der Gerichtsschreiber.

§ 30 GG. Nichtprozessfähigen Parteien, welche ohne gesetzlichen Vertreter sind, kann auf Antrag bis zum Eintritte des gesetzlichen Vertreters von dem Vorsitzenden ein besonderer Vertreter bestellt werden.

Das Gleiche gilt im Falle erheblicher Entfernung des Aufenthaltsorts des gesetzlichen Vertreters.

Die nicht prozessfähige Partei ist auf ihr Verlangen selbst zu hören.

1. Abs. 1 entspricht § 57 Abs. 1 CPO. mit dem Unterschiede, daß die dort gegebene Voraussetzung, falls mit dem Verzuge Gefahr verbunden ist, hier nicht vorzuliegen braucht.

2. Über die Partei- und Prozeßfähigkeit enthalten die **§§ 50—56 CPO.** folgende Bestimmungen (vgl. die Erläuterungen hierzu bei Gaupp-Stein):

§ 50. Parteifähig ist, wer rechtsfähig ist.

Ein Verein, der nicht rechtsfähig ist, kann verklagt werden; in dem Rechtsstreite hat der Verein die Stellung eines rechtsfähigen Vereins.

§ 51. Die Fähigkeit einer Partei, vor Gericht zu stehen, die Vertretung nicht prozeßfähiger Parteien durch andere Personen (gesetzliche Vertreter) und die Notwendigkeit einer besonderen Ermächtigung zur Prozeßführung bestimmt sich nach den Vorschriften des bürgerlichen Rechts, soweit nicht die nachfolgenden Paragraphen abweichende Bestimmungen enthalten.

§ 52. Eine Person ist insoweit prozeßfähig, als sie sich durch Verträge verpflichten kann.

Die Prozeßfähigkeit einer Frau wird dadurch, daß sie Ehefrau ist, nicht beschränkt.

§ 53. Wird in einem Rechtsstreit eine prozeßfähige Person durch einen Pfleger vertreten, so steht sie für den Rechtsstreit einer nicht prozeßfähigen Person gleich.

§ 54. Einzelne Prozeßhandlungen, zu welchen nach den Vorschriften des bürgerlichen Rechts eine besondere Ermächtigung erforderlich ist, sind ohne dieselbe gültig, wenn die Ermächtigung zur Prozeßführung im Allgemeinen erteilt oder die Prozeßführung auch ohne eine solche Ermächtigung im Allgemeinen statthaft ist.

§ 55. Ein Ausländer, welchem nach dem Rechte seines Landes die Prozeßfähigkeit mangelt, gilt als prozeßfähig, wenn ihm nach dem Rechte des Prozeßgerichts die Prozeßfähigkeit zusteht.

§ 56. Das Gericht hat den Mangel der Parteifähigkeit, der Prozeßfähigkeit, der Legitimation eines gesetzlichen Vertreters und der erforderlichen Ermächtigung zur Prozeßführung von Amts wegen zu berücksichtigen.

Die Partei oder deren gesetzlicher Vertreter kann zur Prozeßführung mit Vorbehalt der Beseitigung des Mangels zugelassen werden, wenn mit dem Verzuge Gefahr für die Partei verbunden ist. Das Endurteil darf erst erlassen werden, nachdem die für die Beseitigung des Mangels zu bestimmende Frist abgelaufen ist.

§ 81 GG. Rechtsanwälte und Personen, welche das Verhandeln vor Gericht geschäftsmässig betreiben, werden als Prozessbevollmächtigte oder Beistände vor dem Gewerbegerichte nicht zugelassen.

1. Der Entwurf sprach sich für die Zulassung der Rechtsanwälte im Verfahren vor den Kaufmannsgerichten aus. In der Reichstagskommission wurde der Antrag auf Nichtzulassung der Anwälte wie folgt begründet: Die Anwälte sollten ausgeschlossen sein zunächst wegen des sozialen Charakters des Gerichts, der wesentlich auf dem unmittelbaren Verkehr des Gerichts mit den Parteien beruhe. Mit dem Ausschluß der Anwälte habe man bei dem Gewerbegericht im großen und ganzen gute Erfahrungen gemacht. Vielfach sei auch die Ansicht verbreitet, daß die gütliche Ausgleichung der Streitigkeiten beim Wegfall des Anwalts häufiger sei. Bei Zulassung der Anwälte seien häufige Vertagungen unvermeidlich, wie das die Praxis der ordentlichen Gerichte zeige. Demgegenüber wurde seitens der Regierungsvertreter ausgeführt: Die Notwendigkeit der Zulassung ergebe sich einmal daraus, daß das Kaufmannsgericht auch über die Konkurrenzklausel zu entscheiden habe, welche in den meisten Fällen, wenn sie zu Streitigkeiten Anlaß gebe, bei Ortsabwesenheit des Gehilfen praktisch werde, während die Klage nur am Orte des Prinzipals erhoben werde. Sodann ergebe sich die Notwendigkeit der Zulassung daraus, daß die Kommission die obligatorische Einführung von Kaufmannsgerichten für Orte von 20 000 Einwohnern an beschlossen habe, an solchen kleineren Orten aber ein häufiger Ortswechsel des Personals stattfinde und man durch die Ausschließung der Rechtsanwälte solchen abwesenden Gehilfen die Vertretung ihrer Sache vor den Kaufmannsgerichten erschweren würde (Kom.Ber. S. 40—42). Trotzdem wurde die Ausschließung der Anwälte angenommen (Kom.Ber. S. 47). Dieser Beschluß wurde auch vom Plenum aufrecht erhalten.

2. Die Nichtzulassung erstreckt sich nicht nur auf die mündliche Verhandlung (so § 157 Abs. 2), sondern auf das ganze Verfahren vor dem Kaufmannsgericht. Der zurückweisende Beschluß ist in entsprechender Anwendung des § 157 Abs. 3 nicht anfechtbar (so auch Cuno, Anm. 3). Anderer Meinung Wilhelmi-Bewer, welcher annimmt, daß § 31 die im § 157 der CPO. enthaltene Bestimmung über die Bevollmächtigten und Beistände vollständig ersetzt. Allein § 31 enthält lediglich den Grundsatz der Nichtzulassung, ohne sich über das Verfahren bei Nichtzulassung zu äußern. Deshalb müssen die diesbezüglichen Bestimmungen der CPO. entsprechend angewendet werden, und dies um so mehr, als in dem Falle der CPO. die betreffenden Personen an sich vor Gericht auftreten dürfen, während nach § 31 GG. die Rechtsanwälte von vornherein nicht zugelassen werden dürfen (§§ 80—89 CPO.).

3. Die gesetzwidrige Zulassung der im § 31 aufgeführten Personen macht jedoch das Verfahren nicht ungültig. Dies gilt insbesondere, wenn ein Einspruch von einer im § 31 ausgeschlossenen Person eingelegt wird, aber mit Unrecht zugelassen wird. Das unter Verletzung der Vorschrift des § 31 GG. erlassene Urteil ist mit Wirkung gegen die gesetzwidrig vertretene Partei der Rechtskraft fähig. Ist das Verfahren durch rechtskräftiges Endurteil geschlossen, so findet nach § 578, § 579 Nr. 4 der CPO. die Nichtigkeitsklage (und zwar nach § 584 vor dem Kaufmannsgericht) nur statt, wenn nachweisbar die gesetzwidrig vertretene Partei die Prozeßführung weder ausdrücklich noch stillschweigend genehmigt hat (Wilhelmi-Bewer, Anm. 4).

4. Im übrigen kann als Prozeßbevollmächtigter oder Beistand vor dem Kaufmannsgericht jede prozeßfähige Person auftreten (§§ 79, 90 CPO.), wegen der Vollmacht vgl. §§ 80 ff. CPO., wegen der Erstattung der durch die Zuziehung eines Bevollmächtigten oder Beistandes erwachsenen Kosten vgl. § 52 GG.

§ 32 GG. Die Zustellungen in dem Verfahren vor den Gewerbegerichten erfolgen von Amts wegen.

Urteile und Beschlüsse, gegen welche ein Rechtsmittel stattfindet, sind den Parteien zuzustellen, soweit diese nicht auf die Zustellung verzichten. Sonstige Urteile und Beschlüsse sind einer Partei nur zuzustellen, wenn sie nicht in Anwesenheit derselben verkündet sind. Auf Verlangen einer Partei ist derselben auch Ausfertigung eines in ihrer Anwesenheit verkündeten Urteils oder Beschlusses zu erteilen.

Anträge und Erklärungen einer Partei, welche zugestellt werden sollen, sind bei dem Gericht einzureichen oder mündlich zum Protokolle des Gerichtsschreibers anzubringen.

Sofern durch die Zustellung eine Frist gewahrt oder die Verjährung unterbrochen werden soll, tritt diese Wirkung, wenn die Zustellung demnächst erfolgt, bereits mit der Einreichung oder Anbringung des Antrags oder der Erklärung ein.

1. Über Zustellungen von Amts wegen bestimmen §§ 208 bis 213 CPO. folgendes:

§ 208. Auf die von Amts wegen zu bewirkenden Zustellungen finden die Vorschriften über die Zustellungen auf Betreiben der Parteien entsprechende Anwendung, soweit nicht aus den nachfolgenden Bestimmungen sich Abweichungen ergeben.

§ 209. Für die Bewirkung der Zustellung hat der Gerichtsschreiber Sorge zu tragen.

§ 210. Die Beglaubigung der bei der Zustellung zu übergebenden Abschrift geschieht durch den Gerichtsschreiber.

§ 211. Der Gerichtsschreiber hat das zu übergebende Schriftstück in einem durch das Gerichtssiegel verschlossenen, mit der Adresse der Person, an welche zugestellt werden soll, versehenen und mit einer Geschäftsnummer bezeichneten Briefumschlag einem Gerichtsdiener oder der Post zur Zustellung auszuhändigen. Auf den Briefumschlag ist der Vermerk zu setzen: Vereinfachte Zustellung.

Die auf dem Briefumschlag angegebene Geschäftsnummer ist in den Akten zu vermerken.

Die Vorschrift des § 194 Abs. 2 findet keine Anwendung.

§ 212. Die Beurkundung der Zustellung durch den Gerichtsdiener oder den Postboten erfolgt nach den Vorschriften des § 195 Abs. 2 mit der Maßgabe, daß eine Abschrift der Zustellungsurkunde nicht zu übergeben, der Tag der Zustellung jedoch auf dem Briefumschlage zu vermerken ist.

Die Zustellungsurkunde ist dem Gerichtsschreiber zu überliefern.

§ 213. Ist die Zustellung durch Aufgabe zur Post (§ 175) erfolgt, so hat der Gerichtsschreiber in den Akten zu vermerken, zu welcher Zeit und unter welcher Adresse die Aufgabe geschehen ist. Der Aufnahme einer Zustellungsurkunde bedarf es nicht.

2. Sämtliche Zustellungen erfolgen durch den Gerichtsschreiber und die von ihm beauftragten Organe von Amts wegen, auch dann, wenn die Zustellung auf Antrag einer Partei erfolgt. Zustellung im Auftrage einer Partei ist wirkungslos.

Die zuzustellenden Ausfertigungen sind vom Gerichtsschreiber zu unterschreiben und mit dem Gerichtssiegel zu versehen (§§ 317 Abs. 3, 329 Abs. 2 CPO.).

3. Zu Abs. 3. Notwendig ist nur die Einreichung einer Urschrift. Die erforderlichen Abschriften sind kostenfrei (§ 58 Abs. 5 GG.) in der Gerichtsschreiberei anzufertigen.

4. Zu Abs. 4. Diese Bestimmung ist eine Schutzvorschrift für die Partei, die auch nötig ist, weil die Zustellung der Einwirkung und Beschleunigung der Partei entzogen ist und letztere deshalb für eine etwaige Versäumung der Frist nicht verantwortlich sein kann.

§ 33 GG. Der Gerichtsschreiber hat für die Bewirkung der Zustellung Sorge zu tragen und die bei derselben zu übergebenden Abschriften zu beglaubigen.

Er hat das zu übergebende Schriftstück in einem verschlossenen, mit der Adresse der Person, an welche zugestellt werden soll, sowie mit einer Geschäftsnummer versehenen Briefumschlage dem Zustellungsbeamten und im Falle der Zustellung durch die Post dieser zur Zustellung zu übergeben. Auf den Briefumschlag ist der Vermerk zu setzen: Vereinfachte Zustellung.

Die auf dem Briefumschlag angegebene Geschäftsnummer ist in den Akten zu vermerken.

1. Das Zustellungsverfahren steht unter der Offizialmaxime des kaufmannsgerichtlichen Verfahrens. Es scheiden aus die von den Parteien zu betreibende Zustellung durch den Gerichtsvollzieher (§ 166 CPO.), sowie die Zustellung von Anwalt zu Anwalt (§ 196 CPO.). Es kommt vorzugsweise in Betracht die Zustellung durch den Zustellungsbeamten oder durch die Post. Das zu übergebende Schriftstück kann ohne Unterschied der verschiedenen Zustellungsarten in einem verschlossenen Briefumschlag behändigt werden. Die Identität desselben ist aus der auf dem adressierten Umschlag und in den Akten zu vermerkenden Geschäftsnummer zu entnehmen, und die Übereinstimmung der in dem Briefumschlage befindlichen Abschrift mit der Urschrift wird durch den Beglaubigungsvermerk des Gerichtsschreibers bezeugt. Es bedarf hiernach weder der Aushändigung der Urschrift an den Zustellungsbeamten noch der Verbindung der Zustellungsurkunde mit der Urschrift, noch im Falle der Zustellung durch die Post einer Bescheinigung der Übergabe an die Post (so Begr. z. GG. S. 29).

§ 34 GG. Die von dem Zustellungsbeamten oder dem Postboten aufzunehmende Zustellungsurkunde muss die Art und Weise, in welcher der seiner Adresse und seiner Geschäftsnummer nach bezeichnete Briefumschlag übergeben ist, insbesondere den Ort und die Zeit der Übergabe sowie die Person, welcher zugestellt ist, bezeichnen und, wenn die Zustellung nicht an den Adressaten persönlich erfolgt ist, den Grund hiervon angeben. Die Urkunde ist von dem die Zustellung vollziehenden Beamten zu unterschreiben.

Bei der Zustellung wird eine Abschrift der Zustellungsurkunde nicht übergeben. Der Tag der Zustellung ist von dem zustellenden Beamten auf dem Briefumschlage zu vermerken.

1. Die Vorschriften der Prozeßordnung über Ort und Zeit der Zustellung und über die Person, an welche die Zustellung erfolgen soll, bleiben unberührt (§§ 171—186 CPO.).

Nach § 182 CPO. kann die Zustellung auch durch Niederlegung auf dem Amtsgericht des Zustellungsortes erfolgen. Dieser Paragraph bleibt auch hier anwendbar, und hat die Niederlegung nicht etwa bei dem betr. Gewerbegericht bezw. Kaufmannsgericht zu erfolgen, da die Amtsgerichte hierbei nicht als Prozeßgerichte, sondern als Distriktsbehörden in Betracht kommen (Mugdan-Cuno S. 135).

§ 35 GG. Die zur Erledigung des Rechtsstreits erforderlichen Verhandlungstermine werden von dem Vorsitzenden von Amts wegen angesetzt. Nach Ansetzung des Termins ist die Ladung der Parteien durch den Gerichtsschreiber zu veranlassen. Ladungen durch die Parteien finden nicht statt.

Die Zustellung der Ladung muss spätestens am Tage vor dem Termin erfolgen.

Die Zustellung der Ladung an eine Partei ist nicht erforderlich, wenn der Termin in Anwesenheit derselben verkündet oder ihr bei Einreichung oder Anbringung der Klage oder des Antrags, auf Grund dessen die Terminsbestimmung stattfindet, mitgeteilt worden ist. Die erfolgte Mitteilung ist zu den Akten zu vermerken.

1. Satz 1 ist eine Folge des in § 32 Abs. 1 zum Ausdruck gebrachten Offizialbetriebs. Ausnahme § 39 Abs. 3, wenn wegen Ausbleibens beider Parteien das Verfahren ruht. Hier bedarf es eines Parteiantrages zur Fortsetzung der Verhandlung.

2. Über die Befugnisse des Vorsitzenden vgl. auch §§ 42 Abs. 1, 53 Abs. 1, 54 Abs. 4 GG. Die Terminsbestimmung hat gemäß § 216 Abs. 1 CPO. binnen 24 Stunden zu erfolgen. In eine weitere sachliche Vorprüfung hat der Vorsitzende in der Regel nicht einzutreten, insbesondere ist er nicht befugt, kraft eigenen Amts die Terminsbestimmung wegen Unzulässigkeit des Rechtsweges, Unzuständigkeit des Gerichts, mangelnder Partei- oder Prozeßfähigkeit usw. abzulehnen.

3. Am Tage vor dem Termin muß die Ladung spätestens zugestellt sein. Die Einlassungs- und Ladungsfristen der CPO. finden keine Anwendung (§§ 132, 217, 262, 498 CPO.). Ausnahme für den Fall der Zustellung der Klage im Auslande, wo der Vorsitzende die Einlassungsfrist zu bestimmen hat (§ 498 Abs. 3 CPO., § 53 Abs. 1 GG.).

Abkürzung der Frist zulässig gemäß § 226 CPO., so mit Recht Wilhelmi-Bewer Anm. 7 zu § 35. Im übrigen vgl. §§ 224—226 CPO.

4. Das Gesetz enthält Notfristen (§ 223 Abs. 3 CPO.) in §§ 40 Abs. 1, 46 Abs. 2, ferner gemäß § 55 Abs. 1 die folgenden Notfristen der CPO. in §§ 516, 577, 586 CPO. Gegen die Versäumung der Notfristen Wiedereinsetzung in den vorigen Stand gemäß §§ 233 bis 238 CPO.

§ 36 GG. Nachdem die Klage eingereicht oder zum Protokolle des Gerichtsschreibers angebracht ist, hat der Vorsitzende einen möglichst nahen Termin zur Verhandlung anzusetzen.

Die Klage gilt, unbeschadet der Bestimmung im § 32 Abs. 4, erst mit der Zustellung an den Beklagten als erhoben.

1. Nach § 253 Abs. 1 CPO. erfolgt die Erhebung der Klage durch Zustellung eines Schriftsatzes. Im Verfahren vor den Kaufmannsgerichten ist zugelassen die Zustellung des die Klage enthaltenden Protokolls. Die Zustellung erfolgt nach § 32 Abs. 1 GG. von Amts wegen.

2. Die Klage muß enthalten (§ 253 Abs. 2):

1. Die Bezeichnung der Parteien und des Gerichts.
2. Die bestimmte Angabe des Gegenstandes und des Grundes des erhobenen Anspruchs sowie einen bestimmten Antrag.

Dagegen ist nicht erforderlich Ladung des Beklagten zur mündlichen Verhandlung, weil die Ladung durch das Kaufmannsgericht erfolgt (§ 35 Abs. 1 GG.), oder Angabe des Wertes des Streitgegenstandes, weil Kaufmannsgerichte ohne Rücksicht auf den Wert zuständig sind (§ 5 Abs. 1 Kaufmannsgerichtsges.).

Im übrigen finden **§§ 130, 131 CPO.** Anwendung.

§ 130: Die vorbereitenden Schriftsätze sollen enthalten:

1. die Bezeichnung der Parteien und ihrer gesetzlichen Vertreter nach Namen, Stand oder Gewerbe, Wohnort und Parteistellung; die Bezeichnung des Gerichts und des Streitgegenstandes; die Zahl der Anlagen;
2. die Anträge, welche die Partei in der Gerichtssitzung zu stellen beabsichtigt;
3. die Angabe der zur Begründung der Anträge dienenden tatsächlichen Verhältnisse;
4. die Erklärung über die tatsächlichen Behauptungen des Gegners;

5. die Bezeichnung der Beweismittel, welcher sich die Partei zum Nachweise oder zur Widerlegung tatsächlicher Behauptungen bedienen will, sowie die Erklärung über die von dem Gegner bezeichneten Beweismittel;
6. in Anwaltsprozessen die Unterschrift des Anwalts, in anderen Prozessen die Unterschrift der Partei selbst oder desjenigen, welcher für dieselbe als Bevollmächtigter oder als Geschäftsführer ohne Auftrag handelt.

§ 131. Dem vorbereitenden Schriftsatze sind die in den Händen der Partei befindlichen Urkunden, auf welche in dem Schriftsatze Bezug genommen wird, in Urschrift oder in Abschrift beizufügen.

Kommen nur einzelne Teile einer Urkunde in Betracht, so genügt die Beifügung eines Auszugs, welcher den Eingang, die zur Sache gehörende Stelle, den Schluß, das Datum und die Unterschrift enthält.

Sind die Urkunden dem Gegner bereits bekannt oder von bedeutendem Umfange, so genügt die genaue Bezeichnung derselben mit dem Erbieten, Einsicht zu gewähren.

3. Durch die Erhebung der Klage wird Rechtshängigkeit der Streitsache begründet. Hierüber bestimmen **§§ 263 bis 271 CPO.:**

§ 263. Durch die Erhebung der Klage wird die Rechtshängigkeit der Streitsache begründet.

Die Rechtshängigkeit hat folgende Wirkungen:

1. wenn während der Dauer der Rechtshängigkeit von einer Partei die Streitsache anderweit anhängig gemacht wird, so kann der Gegner die Einrede der Rechtshängigkeit erheben;
2. die Zuständigkeit des Prozeßgerichts wird durch eine Veränderung der sie begründenden Umstände nicht berührt.

§ 264. Nach dem Eintritte der Rechtshängigkeit ist eine Änderung der Klage nur zuzulassen, wenn der Beklagte einwilligt oder wenn nach dem Ermessen des Gerichts durch die Änderung die Verteidigung des Beklagten nicht wesentlich erschwert wird.

§ 265. Die Rechtshängigkeit schließt das Recht der einen oder der anderen Partei nicht aus, die in Streit befangene Sache zu veräußern oder den geltend gemachten Anspruch abzutreten.

Die Veräußerung oder Abtretung hat auf den Prozeß keinen Einfluß. Der Rechtsnachfolger ist nicht berechtigt, ohne Zustimmung des Gegners den Prozeß als Hauptpartei an Stelle des Rechtsvorgängers zu übernehmen oder eine Hauptintervention zu erheben. Tritt der Rechtsnachfolger als Nebenintervenient auf, so findet der § 69 keine Anwendung.

Hat der Kläger veräußert oder abgetreten, so kann ihm, sofern das Urteil nach § 325 gegen den Rechtsnachfolger nicht wirksam sein würde, der Einwand entgegengesetzt werden, daß er zur Geltendmachung des Anspruchs nicht mehr befugt sei.

§ 266. Ist über das Bestehen oder Nichtbestehen eines Rechts, welches für ein Grundstück in Anspruch genommen wird, oder einer Verpflichtung, welche auf einem Grundstücke ruhen soll, zwischen dem Besitzer und einem Dritten ein Rechtsstreit anhängig, so ist im Falle der Veräußerung des Grundstücks der Rechtsnachfolger berechtigt und auf Antrag des Gegners verpflichtet, den Rechtsstreit in der Lage, in welcher er sich befindet, als Hauptpartei zu übernehmen.

Diese Bestimmung kommt insoweit nicht zur Anwendung, als ihr Vorschriften des bürgerlichen Rechts zu Gunsten derjenigen, welche Rechte von einem Nichtberechtigten herleiten, entgegenstehen. In einem solchen Falle findet, wenn der Kläger veräußert hat, die Vorschrift des § 265 Abs. 3 Anwendung.

§ 267. Die Vorschriften des bürgerlichen Rechts über die sonstigen Wirkungen der Rechtshängigkeit bleiben unberührt. Diese Wirkungen, sowie alle Wirkungen, welche durch die Vorschriften des bürgerlichen Rechts an die Anstellung, Mitteilung oder gerichtliche Anmeldung der Klage, an die Ladung oder Einlassung des Beklagten geknüpft werden, treten unbeschadet der Vorschrift des § 207 mit der Erhebung der Klage ein.

§ 268. Als eine Änderung der Klage ist es nicht anzusehen, wenn ohne Änderung des Klagegrundes

1. die tatsächlichen oder rechtlichen Anführungen ergänzt oder berichtigt werden;
2. der Klageantrag in der Hauptsache oder in Bezug auf Nebenforderungen erweitert oder beschränkt wird;
3. statt des ursprünglich geforderten Gegenstandes wegen einer später eingetretenen Veränderung ein anderer Gegenstand oder das Interesse gefordert wird.

§ 269. Die Einwilligung des Beklagten in die Änderung der Klage ist anzunehmen, wenn derselbe, ohne der Änderung zu widersprechen, sich in einer mündlichen Verhandlung auf die abgeänderte Klage eingelassen hat.

§ 270. Eine Anfechtung der Entscheidung, daß eine Aenderung der Klage nicht vorliege oder daß die Änderung zuzulassen sei, findet nicht statt.

§ 271. Die Klage kann ohne Einwilligung des Beklagten nur bis zum Beginne der mündlichen Verhandlung des Beklagten zur Hauptsache zurückgenommen werden.

Die Zurücknahme der Klage erfolgt, wenn sie nicht bei der mündlichen Verhandlung erklärt wird, durch Zustellung eines Schriftsatzes. Abschrift desselben ist sofort nach erfolgter Zustellung auf der Gerichtsschreiberei niederzulegen.

Die Zurücknahme der Klage hat zur Folge, daß der Rechtsstreit als nicht anhängig geworden anzusehen ist; sie verpflichtet den Kläger, die Kosten des Rechtsstreits zu tragen, sofern nicht über dieselben bereits rechtskräftig erkannt ist. Auf Antrag des Beklagten ist diese Verpflichtung durch Urteil auszusprechen.

Wird die Klage von neuem angestellt, so kann der Beklagte die Einlassung verweigern, bis die Kostenerstattung erfolgt ist.

§ 37 GG. An ordentlichen Gerichtstagen können die Parteien zur Verhandlung des Rechtsstreits ohne Terminsbestimmung und Ladung vor dem Gericht erscheinen.

Die Erhebung der Klage erfolgt in diesem Falle durch den mündlichen Vortrag derselben. Die Klage ist zu Protokoll zu nehmen, falls die Sache streitig bleibt.

1. Abs. 1 entspricht dem § 500 CPO. Vgl. auch **§ 510 CPO.**, welcher lautet:

Wer eine Klage zu erheben beabsichtigt, kann unter Angabe des Gegenstandes seines Anspruchs zum Zwecke eines Sühneversuchs den Gegner vor das Amtsgericht laden, vor welchem dieser seinen allgemeinen Gerichtsstand hat.

Erscheinen beide Parteien, und wird ein Vergleich geschlossen, so ist derselbe zu Protokoll festzustellen. Kommt ein Vergleich nicht zu Stande, so wird auf Antrag beider Parteien der Rechtsstreit sofort verhandelt; die Erhebung der Klage erfolgt in diesem Falle durch den mündlichen Vortrag derselben.

Ist der Gegner nicht erschienen, oder der Sühneversuch erfolglos geblieben, so werden die erwachsenen Kosten als Teil der Kosten des Rechtsstreits behandelt.

2. Die Klage ist zu Protokoll zu nehmen, falls die Sache streitig bleibt, sie braucht also nicht noch einmal schriftlich oder zu Protokoll des Gerichtsschreibers erhoben zu werden.

§ 38 GG. Die Verhandlung vor dem erkennenden Gericht einschliesslich der Verkündung der Urteile und Beschlüsse desselben erfolgt öffentlich.

Durch das Gericht kann die Öffentlichkeit für die Verhandlung oder für einen Teil derselben nach Massgabe der Vorschriften in den §§ 173 bis 175 des Gerichtsverfassungsgesetzes ausgeschlossen werden.

Die Vorschriften der §§ 176 bis 193 des Gerichtsverfassungsgesetzes über die Aufrechterhaltung der Ordnung in den Sitzungen und über die Gerichtssprache finden Anwendung.

1. Abs. 1 entspricht dem § 170 GVG.

2. Die in **Abs. 2 und 3** in Bezug genommenen Paragraphen des **GVG.** lauten:

§ 173. In allen Sachen kann durch das Gericht für die Verhandlung oder für einen Teil derselben die Öffentlichkeit ausgeschlossen werden, wenn sie eine Gefährdung der öffentlichen Ordnung, insbesondere der Staatssicherheit, oder eine Gefährdung der Sittlichkeit besorgen läßt.

§ 174. Die Verkündung des Urteils erfolgt in jedem Fall öffentlich.

Durch einen besonderen Beschluß des Gerichts kann für die Verkündung der Urteilsgründe oder eines Teiles derselben die Öffentlichkeit ausgeschlossen werden, wenn sie eine Gefährdung der Staatssicherheit oder eine Gefährdung der Sittlichkeit besorgen läßt

§ 175. Die Verhandlung über die Ausschließung der Öffentlichkeit findet in nicht öffentlicher Sitzung statt, wenn ein Beteiligter es beantragt oder das Gericht es für angemessen erachtet. Der Beschluß, welcher die Öffentlichkeit ausschließt, muß öffentlich verkündet werden. Bei der Verkündung ist anzugeben, ob die Ausschließung wegen Gefährdung der öffentlichen Ordnung, insbesondere wegen Gefährdung der Staatssicherheit, oder ob sie wegen Gefährdung der Sittlichkeit erfolgt.

Ist die Öffentlichkeit wegen Gefährdung der Staatssicherheit ausgeschlossen, so kann das Gericht den anwesenden Personen die Geheimhaltung von Tatsachen, welche durch die Verhandlung, durch die Anklageschrift oder durch andere amtliche Schriftstücke des Prozesses zu ihrer Kenntnis gelangen, zur Pflicht machen. Der Beschluß ist in das Sitzungsprotokoll aufzunehmen. Gegen denselben findet Beschwerde statt. Die Beschwerde hat keine aufschiebende Wirkung.

§ 176. Der Zutritt zu öffentlichen Verhandlungen kann unerwachsenen und solchen Personen versagt werden, welche sich nicht im Besitze der bürgerlichen Ehrenrechte befinden, oder welche in einer der Würde des Gerichts nicht entsprechenden Weise erscheinen.

Zu nicht öffentlichen Verhandlungen kann der Zutritt einzelnen Personen vom Gerichte gestattet werden. Einer Anhörung der Beteiligten bedarf es nicht.

Die Ausschließung der Öffentlichkeit steht der Anwesenheit der die Dienstaufsicht führenden Beamten der Justizverwaltung bei den Verhandlungen vor dem erkennenden Gericht nicht entgegen.

§ 177. Die Aufrechthaltung der Ordnung in der Sitzung liegt dem Vorsitzenden ob.

§ 178. Parteien, Beschuldigte, Zeugen, Sachverständige oder bei der Verhandlung nicht beteiligte Personen, welche den zur Aufrechthaltung der Ordnung erlassenen Befehlen nicht gehorchen, können auf Beschluß des Gerichts aus dem Sitzungszimmer entfernt, auch zur Haft abgeführt und während einer in dem Beschlusse zu bestimmenden Zeit, welche vierundzwanzig Stunden nicht übersteigen darf, festgehalten werden.

§ 179. Das Gericht kann gegen Parteien, Beschuldigte, Zeugen, Sachverständige oder bei der Verhandlung nicht beteiligte Personen, welche sich in der Sitzung einer Ungebühr schuldig machen, vorbehaltlich der strafgerichtlichen Verfolgung, eine Ordnungsstrafe bis zu einhundert Mark oder bis zu drei Tagen Haft festsetzen und sofort vollstrecken lassen.

§ 180 findet, weil auf Rechtsanwälte oder Verteidiger bezüglich, keine Anwendung.

§ 181. Die Vollstreckung der vorstehend bezeichneten Ordnungsstrafen hat der Vorsitzende unmittelbar zu veranlassen.

§ 182. Die in den §§ 171—181 bezeichneten Befugnisse stehen auch einem einzelnen Richter bei der Vornahme von Amtshandlungen außerhalb der Sitzung zu.

§ 183. Ist in den Fällen der §§ 179, ... 182 eine Ordnungsstrafe festgesetzt, so findet binnen der Frist von einer Woche nach der Bekanntmachung der Entscheidung Beschwerde statt ...

Die Beschwerde hat in dem Falle des § 179 keine aufschiebende Wirkung, in den Fällen ..... des § 182 aufschiebende Wirkung.

Ueber die Beschwerde entscheidet das Oberlandesgericht.

§ 184. Ist eine Ordnungsstrafe wegen Ungebühr festgesetzt, oder eine Person zur Haft abgeführt, oder eine bei der Verhandlung beteiligte Person entfernt worden, so ist der Beschluß des Gerichts und dessen Veranlassung in das Protokoll aufzunehmen.

§ 185. Wird eine strafbare Handlung in der Sitzung begangen, so hat das Gericht den Tatbestand festzustellen und der zuständigen Behörde das darüber aufgenommene Protokoll mitzuteilen. In geeigneten Fällen ist die vorläufige Festnahme des Täters zu verfügen.

§ 186. Die Gerichtssprache ist die deutsche.

§ 187. Wird unter Beteiligung von Personen verhandelt, welche der deutschen Sprache nicht mächtig sind, so ist ein Dolmetscher zuzuziehen. Die Führung eines Nebenprotokolls in der fremden Sprache findet nicht statt; jedoch sollen Aussagen und Erklärungen in fremder Sprache, wenn und soweit der Richter dies mit Rücksicht auf die Wichtigkeit der Sache für erforderlich erachtet, auch in der fremden Sprache in das Protokoll oder in eine Anlage niedergeschrieben werden. In den dazu geeigneten Fällen soll dem Protokolle eine durch den Dolmetscher zu beglaubigende Übersetzung beigefügt werden.

Die Zuziehung eines Dolmetschers kann unterbleiben, wenn die beteiligten Personen sämtlich der fremden Sprache mächtig sind.

§ 188. Zur Verhandlung mit tauben oder stummen Personen ist, sofern nicht eine schriftliche Verständigung erfolgt, eine Person als Dolmetscher zuzuziehen, mit deren Hülfe die Verständigung in anderer Weise erfolgen kann.

§ 189. Ob einer Partei, welche taub ist, bei der mündlichen Verhandlung der Vortrag zu gestatten sei, bleibt dem Ermessen des Gerichts überlassen.

[Absatz 2 findet keine Anwendung.]

§ 190. Personen, welche der deutschen Sprache nicht mächtig sind, leisten Eide in der ihnen geläufigen Sprache.

§ 191. Der Dolmetscher hat einen Eid dahin zu leisten:

daß er treu und gewissenhaft übertragen werde.

Ist der Dolmetscher für Übertragungen der betreffenden Art im allgemeinen beeidigt, so genügt die Berufung auf den geleisteten Eid.

§ 192. Der Dienst des Dolmetschers kann von dem Gerichtsschreiber wahrgenommen werden. Einer besonderen Beeidigung bedarf es nicht.

§ 193. Auf den Dolmetscher finden die Bestimmungen über Ausschließung und Ablehnung der Sachverständigen entsprechende Anwendung. Die Entscheidung erfolgt durch das Gericht oder den Richter, von welchem der Dolmetscher zugezogen ist.

[Ausschließung und Ablehnung: CPO. § 406.]

3. Die Vollstreckung einer Geldordnungsstrafe hat der Vorsitzende des Kaufmannsgerichts unmittelbar zu veranlassen. Die Beitreibung erfolgt durch den Gerichtsvollzieher auf Grund einer vom Gerichtsschreiber zu erteilenden vollstreckbaren Ausfertigung des Beschlusses.

Die Vollstreckung einer Haftstrafe liegt gleichfalls dem Vorsitzenden ob. Näheres bestimmt Erlaß des Ministers für Handel und Gewerbe und des Innern vom 14. Febr. 1898, abgedruckt Gewerbegericht III Sp. 77.

§ 39 GG. Erscheint der Kläger im Verhandlungstermine nicht, so ist auf Antrag des Beklagten das Versäumnisurteil dahin zu erlassen, dass der Kläger mit der Klage abzuweisen sei.

Erscheint der Beklagte nicht und beantragt der Kläger das Versäumnisurteil, so werden die in der Klage behaupteten Tatsachen als zugestanden angenommen. Soweit dieselben den Klageantrag rechtfertigen, ist nach dem Antrage zu erkennen; soweit dies nicht der Fall, ist die Klage abzuweisen.

Bleiben beide Parteien aus, so ruht das Verfahren, bis die Ansetzung eines neuen Verhandlungstermins beantragt wird.

1. Abs. 1 entspricht § 330 CPO., Abs. 2 entspricht § 331 CPO. Die hier zur Anwendung gelangenden Vorschriften der **§§ 330 bis 338 CPO.** über das Versäumnisverfahren lauten wie folgt:

§ 330. Erscheint der Kläger im Termine zur mündlichen Verhandlung nicht, so ist auf Antrag das Versäumnisurteil dahin zu erlassen, daß der Kläger mit der Klage abzuweisen sei.

§ 331. Beantragt der Kläger gegen den im Termine zur mündlichen Verhandlung nicht erschienenen Beklagten das Versäumnisurteil, so ist das tatsächliche mündliche Vorbringen des Klägers als zugestanden anzunehmen.

Soweit dasselbe den Klagantrag rechtfertigt, ist nach dem Antrage zu erkennen; soweit dies nicht der Fall, ist die Klage abzuweisen.

§ 332. Als Verhandlungstermine im Sinne der vorstehenden Paragraphen sind auch diejenigen Termine anzusehen, auf welche die mündliche Verhandlung vertagt ist, oder welche zur Fortsetzung derselben vor oder nach dem Erlasse eines Beweisbeschlusses bestimmt sind.

§ 333. Als nicht erschienen ist auch diejenige Partei anzusehen, welche in dem Termine zwar erscheint, aber nicht verhandelt.

§ 334. Wenn eine Partei in dem Termine verhandelt, sich jedoch über Tatsachen, Urkunden oder Eideszuschiebungen nicht erklärt, so finden die Vorschriften dieses Titels keine Anwendung.

§ 335. Der Antrag auf Erlassung eines Versäumnisurteils ist zurückzuweisen, unbeschadet des Rechts der erschienenen Partei, die Vertagung der mündlichen Verhandlung zu beantragen:

1. wenn die erschienene Partei die vom Gerichte wegen eines von Amts wegen zu berücksichtigenden Umstandes erforderte Nachweisung nicht zu beschaffen vermag;
2. wenn die nicht erschienene Partei nicht ordnungsmäßig, insbesondere nicht rechtzeitig geladen war;

3. wenn der nicht erschienenen Partei ein tatsächliches mündliches Vorbringen oder ein Antrag nicht rechtzeitig mittels Schriftsatzes mitgeteilt war.

Wird die Verhandlung vertagt, so ist die nicht erschienene Partei zu dem neuen Termine zu laden.

§ 336. Gegen den Beschluß, durch welchen der Antrag auf Erlassung des Versäumnisurteils zurückgewiesen wird, findet sofortige Beschwerde statt. Wird der Beschluß aufgehoben, so ist die nicht erschienene Partei zu dem neuen Termine nicht zu laden.

§ 337. Das Gericht kann von Amts wegen die Verhandlung über den Antrag auf Erlassung des Versäumnisurteils vertagen, wenn es dafür hält, daß die von dem Vorsitzenden bestimmte Einlassungs- oder Ladungsfrist zu kurz bemessen, oder daß die Partei durch Naturereignisse oder durch andere unabwendbare Zufälle am Erscheinen verhindert worden sei. Die nicht erschienene Partei ist zu dem neuen Termine zu laden.

§ 338. Der Partei, gegen welche ein Versäumnisurteil erlassen ist, steht gegen dasselbe der Einspruch zu.

§ 40 GG. Die Partei, gegen welche ein Versäumnisurteil erlassen ist, kann binnen der Notfrist von drei Tagen seit der an sie bewirkten Zustellung des Urteils die Erklärung abgeben, dass sie Einspruch einlege. Die Einlegung gilt mit der Einreichung der Erklärung oder mit der Abgabe derselben zum Protokolle des Gerichtsschreibers als bewirkt.

In dem Versäumnisurteil ist der Partei zu eröffnen, in welcher Form und Frist ihr der Einspruch zusteht

Nach Einlegung des Einspruchs hat der Vorsitzende einen neuen Verhandlungstermin anzusetzen.

Erscheint die Partei, welche den Einspruch eingelegt hat, auch in dem neuen Termine nicht, so gilt der Einspruch als zurückgenommen. Anderenfalls wird, sofern der Einspruch zulässig ist, der Prozess in die Lage zurückversetzt, in welcher er sich vor Eintritt der Versäumnis befand.

1. Für den Einspruch maßgebend sind §§ 340 bis 346 CPO.

§ 340. Die Einlegung des Einspruchs erfolgt durch Zustellung eines Schriftsatzes. Derselbe muß enthalten:

1. die Bezeichnung des Urteils, gegen welches der Einspruch gerichtet wird;
2. die Erklärung, daß gegen dieses Urteil Einspruch eingelegt werde;
3. die Ladung des Gegners zur mündlichen Verhandlung über die Hauptsache.

Der Schriftsatz soll zugleich dasjenige enthalten, was zur Vorbereitung der Verhandlung über die Hauptsache erforderlich ist.

§ 341. Das Gericht hat von Amts wegen zu prüfen, ob der Einspruch an sich statthaft und ob er in der gesetzlichen Form und Frist eingelegt sei. Fehlt es an einem dieser Erfordernisse, so ist der Einspruch als unzulässig zu verwerfen.

§ 342. Ist der Einspruch zulässig, so wird der Prozeß in die Lage zurückversetzt, in welcher er sich vor Eintritt der Versäumnis befand.

§ 343. Insoweit die Entscheidung, welche auf Grund der neuen Verhandlung zu erlassen ist, mit der in dem Versäumnisurteil enthaltenen Entscheidung übereinstimmt, ist auszusprechen, daß diese Entscheidung aufrecht zu erhalten sei. Insoweit diese Voraussetzung nicht zutrifft, wird das Versäumnisurteil in dem neuen Urteil aufgehoben.

§ 344. Ist das Versäumnisurteil in gesetzlicher Weise ergangen, so sind die durch die Versäumnis veranlaßten Kosten, soweit sie nicht durch einen unbegründeten Widerspruch des Gegners entstanden sind, der säumigen Partei auch dann aufzuerlegen, wenn in Folge des Einspruchs eine abändernde Entscheidung erlassen wird.

§ 345. Einer Partei, die den Einspruch eingelegt hat, aber in der zur mündlichen Verhandlung bestimmten Sitzung oder in derjenigen Sitzung, auf welche die Verhandlung vertagt ist, nicht erscheint oder nicht zur Hauptsache verhandelt, steht gegen das Versäumnisurteil, durch welches der Einspruch verworfen wird, ein weiterer Einspruch nicht zu.

§ 346. In Betreff des Verzichts auf den Einspruch und der Zurücknahme desselben finden die Vorschriften über den Verzicht auf die Berufung und über die Zurücknahme derselben entsprechende Anwendung.

2. Über Notfrist s. § 223 CPO. Gegen die Versäumung der Notfrist ist unter den Voraussetzungen des § 233 CPO. die Wiedereinsetzung in den vorigen Stand zulässig (§ 234 CPO.).

3. Über den Einfluß des Einspruches und des Antrages auf Einsetzung in den vorigen Stand auf die Zwangsvollstreckung s. §§ 707, 719 CPO.

4. Bei der dreitägigen Zustellungsfrist rechnet der Tag der Zustellung selbst nicht mit. Fällt der dritte Tag auf einen Sonntag oder allgemeinen Feiertag, so endet die Frist erst mit Ablauf des nächsten Werktages (siehe § 222 CPO., §§ 186 ff. BGB.).

5. Über die Einspruchsfrist bei Zustellungen im Auslande oder durch öffentliche Bekanntmachung s. § 339 Abs. 2 CPO.

§ 41 GG. Erscheinen die Parteien in dem Termine, so hat das Gewerbegericht tunlichst auf eine gütliche Erledigung des Rechtsstreits hinzuwirken. Es kann den Sühneversuch in jeder Lage des Verfahrens erneuern und hat denselben bei Anwesenheit der Parteien am Schlusse der Verhandlung zu wiederholen.

Der Inhalt eines vor dem Gericht abgeschlossenen Vergleichs ist durch Aufnahme in das Protokoll festzustellen. Die Feststellung ist den Parteien vorzulesen. In dem Protokoll ist zu bemerken, dass die Vorlesung stattgefunden hat und dass die Genehmigung erfolgt ist, oder welche Einwendungen erhoben sind.

1. Über den Sühneversuch bestimmt **§ 296 CPO.**:

§ 296. Das Gericht kann in jeder Lage des Rechtsstreits die gütliche Beilegung desselben oder einzelner Streitpunkte versuchen oder die Parteien zum Zwecke des Sühneversuchs vor einen beauftragten oder ersuchten Richter verweisen.

Zum Zwecke des Sühneversuchs kann das persönliche Erscheinen der Parteien angeordnet werden.

2. Die Anordnung des persönlichen Erscheinens der Parteien steht dem Vorsitzenden zu.

3. Auf Grund dieses Protokolls findet Zwangsvollstreckung gemäß § 57 GG. statt.

§ 42 GG. Kommt ein Vergleich nicht zu Stande, so ist über den Rechtsstreit zu verhandeln. Die Leitung der Verhandlung liegt dem Vorsitzenden ob. Derselbe hat dahin zu wirken, dass die Parteien über alle erheblichen Tatsachen sich vollständig erklären, die Beweismittel für ihre Behauptungen bezeichnen und die sachdienlichen Anträge stellen. Derselbe kann jederzeit das persönliche Erscheinen der Parteien anordnen und für den Fall des Nichterscheinens eine Geldstrafe bis zu einhundert Mark androhen. Gegen die Festsetzung der Strafe findet

Beschwerde nach den Bestimmungen der Civilprozessordnung statt.

Wird die Fortsetzung der Verhandlung in einem weiteren Termine notwendig, insbesondere weil eine erforderliche Beweisaufnahme nicht sofort bewirkt werden kann, so ist der weitere Termin alsbald zu verkünden. Der zur Beweisaufnahme vor dem Gericht anberaumte Termin ist zugleich zur Fortsetzung der Verhandlung bestimmt.

Erscheinen in dem zur Fortsetzung der Verhandlung bestimmten Termine die Parteien oder eine derselben nicht, so finden die Vorschriften der §§ 39, 40 Anwendung, auch wenn eine Beweisaufnahme vorausgegangen war.

1. Für die Verhandlung vgl. **§§ 137 bis 150, 156, 158 CPO.:**

§ 137. Die mündliche Verhandlung wird dadurch eingeleitet, daß die Parteien ihre Anträge stellen.

Die Vorträge der Parteien sind in freier Rede zu halten; sie haben das Streitverhältnis in tatsächlicher und rechtlicher Beziehung zu umfassen.

Eine Bezugnahme auf Schriftstücke statt mündlicher Verhandlung ist unzulässig. Die Vorlesung von Schriftstücken findet nur insoweit statt, als es auf den wörtlichen Inhalt derselben ankommt.

In Anwaltsprozessen ist neben dem Anwalt auch der Partei selbst auf Antrag das Wort zu gestatten.

§ 138. Jede Partei hat sich über die von dem Gegner behaupteten Tatsachen zu erklären.

Tatsachen, welche nicht ausdrücklich bestritten werden, sind als zugestanden anzusehen, wenn nicht die Absicht, sie bestreiten zu wollen, aus den übrigen Erklärungen der Partei hervorgeht.

Eine Erklärung mit Nichtwissen ist nur über Tatsachen zulässig, welche weder eigene Handlungen der

Partei noch Gegenstand ihrer eigenen Wahrnehmung gewesen sind.

§ 139. Der Vorsitzende hat durch Fragen darauf hinzuwirken, daß unklare Anträge erläutert, ungenügende Angaben der geltend gemachten Tatsachen ergänzt und die Beweismittel bezeichnet, überhaupt alle für die Feststellung des Sachverhältnisses erheblichen Erklärungen abgegeben werden.

Der Vorsitzende hat auf die Bedenken aufmerksam zu machen, welche in Ansehung der von Amts wegen zu berücksichtigenden Punkte obwalten.

Er hat jedem Mitgliede des Gerichts auf Verlangen zu gestatten, Fragen zu stellen.

§ 140. Wird eine auf die Sachleitung bezügliche Anordnung des Vorsitzenden oder eine von dem Vorsitzenden oder einem Gerichtsmitgliede gestellte Frage von einer bei der Verhandlung beteiligten Person als unzulässig beanstandet, so entscheidet das Gericht.

§ 141. Das Gericht kann das persönliche Erscheinen einer Partei zur Aufklärung des Sachverhältnisses anordnen.

§ 142. Das Gericht kann anordnen, daß eine Partei die in ihren Händen befindlichen Urkunden, auf welche sie sich bezogen hat, sowie Stammbäume, Pläne, Risse und sonstige Zeichnungen vorlege.

Das Gericht kann anordnen, daß die vorgelegten Schriftstücke während einer von ihm zu bestimmenden Zeit auf der Gerichtsschreiberei verbleiben.

Das Gericht kann anordnen, daß von den in fremder Sprache abgefaßten Urkunden eine durch einen beeidigten Dolmetscher angefertigte Übersetzung beigebracht werde.

§ 143. Das Gericht kann anordnen, daß die Parteien die in ihrem Besitze befindlichen Akten vorlegen, soweit dieselben aus Schriftstücken bestehen, welche die Verhandlung und Entscheidung der Sache betreffen.

§ 144. Das Gericht kann die Einnahme des Augenscheins, sowie die Begutachtung durch Sachverständige anordnen.

Das Verfahren richtet sich nach den Vorschriften, welche eine auf Antrag angeordnete Einnahme des Augenscheins oder Begutachtung durch Sachverständige zum Gegenstande haben.

§ 145. Das Gericht kann anordnen, daß mehrere in einer Klage erhobene Ansprüche in getrennten Prozessen verhandelt werden.

Dasselbe gilt, wenn der Beklagte eine Widerklage erhoben hat und der Gegenanspruch mit dem in der Klage geltend gemachten Anspruche nicht in rechtlichem Zusammenhange steht.

Macht der Beklagte die Aufrechnung einer Gegenforderung geltend, welche mit der in der Klage geltend gemachten Forderung nicht in rechtlichem Zusammenhange steht, so kann das Gericht anordnen, daß über die Klage und über die Aufrechnung getrennt verhandelt werde; die Vorschriften des § 302 finden Anwendung.

§ 146. Das Gericht kann anordnen, daß bei mehreren auf denselben Anspruch sich beziehenden selbständigen Angriffs- oder Verteidigungsmitteln (Klagegründen, Einreden, Repliken ꝛc.) die Verhandlung zunächst auf eines oder einige dieser Angriffs- oder Verteidigungsmittel zu beschränken sei.

§ 147. Das Gericht kann die Verbindung mehrerer bei ihm anhängiger Prozesse derselben oder verschiedener Parteien zum Zwecke der gleichzeitigen Verhandlung und Entscheidung anordnen, wenn die Ansprüche, welche den Gegenstand dieser Prozesse bilden, in rechtlichem Zusammenhange stehen oder in einer Klage hätten geltend gemacht werden können.

§ 148. Das Gericht kann, wenn die Entscheidung des Rechtsstreits ganz oder zum Teil von dem Bestehen oder Nichtbestehen eines Rechtsverhältnisses abhängt, welches den Gegenstand eines anderen anhängigen Rechtsstreits bildet oder von einer Verwaltungsbehörde festzustellen ist, anordnen, daß die Verhandlung bis zur Erledigung des anderen Rechtsstreits oder bis zur Entscheidung der Verwaltungsbehörde auszusetzen sei.

§ 149. Das Gericht kann, wenn sich im Laufe eines Rechtsstreits der Verdacht einer strafbaren Handlung ergibt, deren Ermittelung auf die Entscheidung von Einfluß ist, die Aussetzung der Verhandlung bis zur Erledigung des Strafverfahrens anordnen.

§ 150. Das Gericht kann die von ihm erlassenen, eine Trennung, Verbindung oder Aussetzung betreffenden Anordnungen wieder aufheben.

§ 156. Das Gericht kann die Wiedereröffnung einer Verhandlung, welche geschlossen war, anordnen.

§ 158. Ist eine bei der Verhandlung beteiligte Person zur Aufrechthaltung der Ordnung von dem Orte der Verhandlung entfernt worden, so kann auf Antrag gegen sie in gleicher Weise verfahren werden, als wenn sie freiwillig sich entfernt hätte. Dasselbe gilt in den Fällen des vorhergehenden Paragraphen, sofern die Untersagung oder Zurückweisung bereits bei einer früheren Verhandlung geschehen war.

2. Über die Behandlung prozeßhindernder Einrede siehe § 504 CPO.

3. Über Beschwerde vgl. §§ 567—577 CPO.

4. Über Vollstreckung der Geldstrafe vgl. Anm. 3 zu § 38.

§ 43 GG. Die Beweisaufnahme erfolgt in der Regel vor dem Gewerbegerichte. Sie kann nur in den Fällen der §§ 372, 375, 382, 434, 479 der Civilprozessordnung dem Vorsitzenden des Gerichts oder mittelst Ersuchens einem Amtsgericht übertragen werden.

Die Beweisaufnahme ist auch dann zu bewirken, wenn die Parteien oder eine derselben in dem für die Beweisaufnahme bestimmten Termine nicht erscheinen.

1. Die Beweisaufnahme kann nach Abs. 1 nicht einem Beisitzer- oder einem anderen Kaufmannsgericht übertragen werden. Deshalb ist bei den nachfolgenden Paragraphen der CPO. statt „Mitglieder des Prozeßgerichts" der Vorsitzende und an Stelle des anderen Gerichts das betreffende „Amtsgericht" zu setzen.

Die oben angeführten **Paragraphen der Civilprozeßordnung** lauten:

§ 372. Das Prozeßgericht kann anordnen, daß bei der Einnahme des Augenscheins ein oder mehrere Sachverständige zuzuziehen seien.

Es kann einem Mitgliede des Prozeßgerichts oder einem anderen Gerichte die Einnahme des Augenscheins übertragen, auch die Ernennung der zuzuziehenden Sachverständigen überlassen.

§ 375. Die Aufnahme des Zeugenbeweises kann einem Mitgliede des Prozeßgerichts oder einem anderen Gericht übertragen werden:

1. wenn zur Ausmittelung der Wahrheit die Vernehmung des Zeugen an Ort und Stelle dienlich erscheint;
2. wenn die Beweisaufnahme vor dem Prozeßgericht erheblichen Schwierigkeiten unterliegen würde;
3. wenn der Zeuge verhindert ist, vor dem Prozeßgerichte zu erscheinen;
4. wenn der Zeuge in großer Entfernung von dem Sitze des Prozeßgerichts sich aufhält.

Die Landesherren und die Mitglieder der landesherrlichen Familien sowie die Mitglieder der Fürstlichen Familie Hohenzollern sind durch ein Mitglied des Prozeßgerichts oder durch ein anderes Gericht in ihrer Wohnung zu vernehmen. Das Gleiche gilt in Ansehung der Mitglieder des vormaligen Hannoverschen Königshauses, des vormaligen Kurhessischen und des vormaligen Herzoglich Nassauischen Fürstenhauses.

§ 382. Der Reichskanzler, die Minister eines Bundesstaates, die Mitglieder der Senate der freien Hansestädte, die Vorstände der obersten Reichsbehörden und die Vorstände der Ministerien sind an ihrem Amtssitze oder, wenn sie sich außerhalb desselben aufhalten, an ihrem Aufenthaltsorte zu vernehmen.

Die Mitglieder des Bundesrats sind während ihres Aufenthalts am Sitze des Bundesrats an diesem Sitze, die Mitglieder einer deutschen gesetzgebenden Versammlung während der Sitzungsperiode und ihres Aufenthalts am Orte der Versammlung an diesem Orte zu vernehmen.

Zu einer Abweichung von den vorstehenden Bestimmungen bedarf es:

in Betreff des Reichskanzlers der Genehmigung des Kaisers,

in Betreff der Minister und der Mitglieder des Bundesraths der Genehmigung des Landesherrn,

in Betreff der Mitglieder der Senate der freien Hansestädte der Genehmigung des Senats,

in Betreff der übrigen vorbezeichneten Beamten der Genehmigung ihres unmittelbaren Vorgesetzten,

in Betreff der Mitglieder einer gesetzgebenden Versammlung der Genehmigung der letzteren.

§ 434. Wenn die Vorlegung einer Urkunde bei der mündlichen Verhandlung wegen erheblicher Hindernisse nicht erfolgen kann oder wegen der Wichtigkeit der Urkunde und der Besorgnis des Verlustes oder der Beschädigung bedenklich erscheint, so kann das Prozeßgericht anordnen, daß die Vorlegung vor einem seiner Mitglieder oder vor einem anderen Gerichte geschehe.

§ 479. Das Prozeßgericht kann anordnen, daß die Eidesleistung vor einem seiner Mitglieder oder vor einem anderen Gericht erfolge, wenn der Schwurpflichtige am Erscheinen vor dem Prozeßgerichte verhindert ist oder in großer Entfernung von dem Sitze desselben sich aufhält.

Die Eidesleistung der Landesherren und der Mitglieder der landesherrlichen Familien sowie der Mitglieder der Fürstlichen Familie Hohenzollern erfolgt in der Wohnung derselben vor einem Mitgliede des Prozeßgerichts oder vor einem anderen Gerichte. Das Gleiche gilt in Ansehung der Mitglieder des vormaligen Hannoverschen Königshauses, des vormaligen Kurhessischen und des vormaligen Herzoglich Nassauischen Fürstenhauses.

2. Für die Beweisaufnahme finden die Vorschriften der CPO. Anwendung: allgemeine Bestimmungen §§ 355 bis 370, Beweis durch Augenschein §§ 371, 372, Zeugenbeweis §§ 373—401, Sachverständigenbeweis §§ 402 bis 414, Urkundenbeweis §§ 415—444, Beweis durch Eid §§ 445—484, Sicherung des Beweises §§ 485—494.

§ 44 GG. Beschliesst das Gericht die Vernehmung von Zeugen oder Sachverständigen, so sind dieselben, falls sie nicht von den Parteien zur Stelle gebracht sind, zu laden. Von der Ladung der Sachverständigen kann abgesehen werden, wenn schriftliche Begutachtung angeordnet wird.

Die Beeidigung der Zeugen und Sachverständigen erfolgt nur, wenn das Gericht die Beeidigung zur Herbeiführung einer wahrheitsgemässen Aussage für notwendig erachtet oder wenn eine Partei dieselbe beantragt. Die Bestimmungen, nach welchen die Beeidigung in gewissen Fällen unzulässig ist (Civilprozessordnung § 393), bleiben unberührt.

1. Über die Ladung bestimmen **§§ 377—379 CPO.** folgendes:

§ 377. Die Ladung der Zeugen ist von dem Gerichtsschreiber unter Bezugnahme auf den Beweisbeschluß auszufertigen und von Amts wegen zuzustellen.

Die Ladung muß enthalten:

1. die Bezeichnung der Parteien;
2. den Gegenstand der Vernehmung;
3. die Anweisung, zur Ablegung des Zeugnisses bei Vermeidung der durch das Gesetz angedrohten Strafen in dem nach Zeit und Ort zu bezeichnenden Termine zu erscheinen.

§ 378. Die Ladung einer dem aktiven Heere oder der aktiven Marine angehörenden Person des Soldatenstandes als Zeuge erfolgt durch Ersuchen der Militärbehörde.

§ 379. Das Gericht kann die Ladung davon abhängig machen, daß der Beweisführer einen Vorschuß zur Deckung der Staatskasse wegen der durch die Vernehmung des Zeugen erwachsenden Auslagen hinterlegt.

Erfolgt die Hinterlegung nicht binnen der bestimmten Frist, so unterbleibt die Ladung, wenn die Hinterlegung nicht so zeitig nachgeholt wird, daß die Vernehmung ohne Verzögerung des Verfahrens erfolgen kann.

2. Über die Folgen des Ausbleibens und Verweigerung des Zeugnisses oder der Eidesleistung vgl. §§ 380—390 CPO.

Im übrigen greifen folgende Paragraphen der CPO. Platz:

§§ 391—412.

§ 391. Jeder Zeuge ist einzeln und vor seiner Vernehmung zu beeidigen; die Beeidigung kann jedoch aus besonderen Gründen, namentlich wenn Bedenken gegen ihre Zulässigkeit obwalten, bis nach Abschluß der Vernehmung ausgesetzt werden.

Die Parteien können auf die Beeidigung verzichten.

§ 392. Der vor der Vernehmung zu leistende Eid lautet:

daß Zeuge nach bestem Wissen die reine Wahrheit sagen, nichts verschweigen und nichts hinzusetzen werde;

der nach der Vernehmung zu leistende Eid lautet:

daß Zeuge nach bestem Wissen die reine Wahrheit gesagt, nichts verschwiegen und nichts hinzugesetzt habe.

§ 393. Unbeeidigt sind zu vernehmen:

1. Personen, welche zur Zeit der Vernehmung das sechzehnte Lebensjahr noch nicht vollendet oder wegen mangelnder Verstandesreife oder wegen Verstandesschwäche von dem Wesen und der Bedeutung des Eides keine genügende Vorstellung haben;
2. Personen, welche nach den Bestimmungen der Strafgesetze unfähig sind, als Zeugen eidlich vernommen zu werden;
3. die nach § 383 Nr. 1—3 und § 384 Nr. 1, 2 zur Verweigerung des Zeugnisses berechtigten Personen, sofern sie von diesem Rechte keinen Gebrauch machen, die im § 384 Nr. 1, 2 bezeichneten Personen jedoch nur dann, wenn sie lediglich über solche Tatsachen vorgeschlagen sind, auf welche sich das Recht zur Verweigerung des Zeugnisses bezieht;
4. Personen, welche bei dem Ausgange des Rechtsstreits unmittelbar beteiligt sind.

Das Prozeßgericht kann die nachträgliche Beeidigung der unter den beiden letzten Nummern bezeichneten Personen anordnen.

§ 394. Jeder Zeuge ist einzeln und in Abwesenheit der später abzuhörenden Zeugen zu vernehmen.

Zeugen, deren Aussagen sich widersprechen, können einander gegenüber gestellt werden.

§ 395. Die Vernehmung beginnt damit, daß der Zeuge über Vornamen und Zunamen, Alter, Religionsbekenntnis, Stand oder Gewerbe und Wohnort befragt wird. Erforderlichenfalls sind ihm Fragen über solche Umstände, welche seine Glaubwürdigkeit in der vorliegenden Sache betreffen, insbesondere über seine Beziehungen zu den Parteien vorzulegen.

§ 396. Der Zeuge ist zu veranlassen, dasjenige, was ihm von dem Gegenstande seiner Vernehmung bekannt ist, in Zusammenhange anzugeben.

Zur Aufklärung und zur Vervollständigung der Aussage, sowie zur Erforschung des Grundes, auf welchem die Wissenschaft des Zeugen beruht, sind nötigenfalls weitere Fragen zu stellen.

Der Vorsitzende hat jedem Mitgliede des Gerichts auf Verlangen zu gestatten, Fragen zu stellen.

§ 397. Die Parteien sind berechtigt, dem Zeugen diejenigen Fragen vorlegen zu lassen, welche sie zur Aufklärung der Sache oder der Verhältnisse des Zeugen für dienlich erachten.

Der Vorsitzende kann den Parteien gestatten, und hat ihren Anwälten auf Verlangen zu gestatten, an den Zeugen unmittelbare Fragen zu richten.

Zweifel über die Zulässigkeit einer Frage entscheidet das Gericht.

§ 398. Das Prozeßgericht kann nach seinem Ermessen die wiederholte Vernehmung eines Zeugen anordnen.

Hat ein beauftragter oder ersuchter Richter bei der Vernehmung die Stellung der von einer Partei angeregten Frage verweigert, so kann das Prozeßgericht die nachträgliche Vernehmung des Zeugen über diese Frage anordnen.

Bei der wiederholten oder der nachträglichen Vernehmung kann der Richter statt der nochmaligen Beeidigung den Zeugen die Richtigkeit seiner Aussage unter Berufung auf den früher geleisteten Eid versichern lassen.

§ 399. Die Partei kann auf einen Zeugen, welchen sie vorgeschlagen hat, verzichten, der Gegner kann aber verlangen, daß der erschienene Zeuge vernommen und, wenn die Vernehmung bereits begonnen hat, daß dieselbe fortgesetzt werde.

§ 400. Der mit der Beweisaufnahme betraute Richter ist ermächtigt, im Falle des Nichterscheinens oder der Zeugnisverweigerung die gesetzlichen Verfügungen zu treffen, auch dieselben, soweit dieses überhaupt zulässig ist, selbst nach Erledigung des Auftrags wieder aufzuheben, über die Zulässigkeit einer dem Zeugen vorgelegten Frage vorläufig zu entscheiden und die nochmalige Vernehmung eines Zeugen vorzunehmen.

§ 401. Jeder Zeuge hat nach Maßgabe der Gebührenordnung auf Entschädigung für Zeitversäumnis und, wenn sein Erscheinen eine Reise erforderlich macht, auf Erstattung der Kosten Anspruch, welche durch die Reise und den Aufenthalt am Orte der Vernehmung verursacht werden.

§ 402. Auf den Beweis durch Sachverständige finden die Vorschriften über den Beweis durch Zeugen entsprechende Anwendung, insoweit nicht in den nachfolgenden Paragraphen abweichende Bestimmungen enthalten sind.

§ 403. Die Antretung des Beweises erfolgt durch die Bezeichnung der zu begutachtenden Punkte.

§ 404. Die Auswahl der zuzuziehenden Sachverständigen und die Bestimmung ihrer Anzahl erfolgt durch das Prozeßgericht. Dasselbe kann sich auf die Ernennung eines einzigen Sachverständigen beschränken. Es kann an Stelle der zuerst ernannten Sachverständigen andere ernennen.

Sind für gewisse Arten von Gutachten Sachverständige öffentlich bestellt, so sollen andere Personen nur dann gewählt werden, wenn besondere Umstände es erfordern.

Das Gericht kann die Parteien auffordern, Personen zu bezeichnen, welche geeignet sind, als Sachverständige vernommen zu werden.

Einigen sich die Parteien über bestimmte Personen als Sachverständige, so hat das Gericht dieser Einigung Folge zu geben; das Gericht kann jedoch die Wahl der Parteien auf eine bestimmte Anzahl beschränken.

§ 405. Das Prozeßgericht kann den mit der Beweisaufnahme betrauten Richter zur Ernennung der Sachverständigen ermächtigen. Derselbe hat in diesem Falle die in dem vorstehenden Paragraphen dem Prozeßgerichte beigelegten Befugnisse auszuüben.

§ 406. Ein Sachverständiger kann aus denselben Gründen, welche zur Ablehnung eines Richters berechtigen, abgelehnt werden. Ein Ablehnungsgrund kann jedoch nicht daraus entnommen werden, daß der Sachverständige als Zeuge vernommen worden ist.

Das Ablehnungsgesuch ist bei demjenigen Gericht oder Richter, von welchem die Ernennung des Sachverständigen erfolgt ist, vor der Vernehmung desselben, bei schriftlicher Begutachtung vor erfolgter Einreichung des Gutachtens anzubringen. Nach diesem Zeitpunkt ist die Ablehnung nur zulässig, wenn glaubhaft gemacht wird, daß der Ablehnungsgrund vorher nicht geltend gemacht werden konnte. Das Ablehnungsgesuch kann vor dem Gerichtsschreiber zu Protokoll erklärt werden.

Der Ablehnungsgrund ist glaubhaft zu machen; zur Versicherung an Eidesstatt darf die Partei nicht zugelassen werden.

Die Entscheidung erfolgt von dem im zweiten Absatze bezeichneten Gericht oder Richter; eine vorgängige mündliche Verhandlung der Beteiligten ist nicht erforderlich.

Gegen den Beschluß, durch welchen die Ablehnung für begründet erklärt wird, findet kein Rechtsmittel; gegen den Beschluß, durch welchen dieselbe für unbegründet erklärt wird, findet sofortige Beschwerde statt.

§ 407. Der zum Sachverständigen Ernannte hat der Ernennung Folge zu leisten, wenn er zur Erstattung von Gutachten der erforderlichen Art öffentlich bestellt ist oder wenn er die Wissenschaft, die Kunst oder das Gewerbe, deren Kenntnis Voraussetzung der Begutachtung ist, öffentlich zum Erwerbe ausübt oder wenn er zur Ausübung derselben öffentlich bestellt oder ermächtigt ist.

Zur Erstattung des Gutachtens ist auch derjenige verpflichtet, welcher sich zu derselben vor Gericht bereit erklärt hat.

§ 408. Dieselben Gründe, welche einen Zeugen berechtigen, das Zeugnis zu verweigern, berechtigen einen Sachverständigen zur Verweigerung des Gutachtens. Das Gericht kann auch aus anderen Gründen einen Sachverständigen von der Verpflichtung zur Erstattung des Gutachtens entbinden.

Die Vernehmung eines öffentlichen Beamten als Sachverständigen findet nicht statt, wenn die vorgesetzte Behörde des Beamten erklärt, daß die Vernehmung den dienstlichen Interessen Nachteile bereiten würde.

§ 409. Im Falle des Nichterscheinens oder der Weigerung eines zur Erstattung des Gutachtens verpflichteten Sachverständigen wird dieser zum Ersatze der Kosten und zu einer Geldstrafe bis zu dreihundert Mark verurteilt. Im Falle wiederholten Ungehorsams kann noch einmal eine Geldstrafe bis zu sechshundert Mark erkannt werden.

Gegen den Beschluß findet Beschwerde statt.

Die Festsetzung und die Vollstreckung der Strafe gegen eine dem aktiven Heere oder der aktiven Marine angehörende Militärperson erfolgt auf Ersuchen durch das Militärgericht.

§ 410. Der Sachverständige hat, wenn nicht beide Parteien auf seine Beeidigung verzichten, vor Erstattung des Gutachtens einen Eid dahin zu leisten:

daß er das von ihm geforderte Gutachten unparteiisch und nach bestem Wissen und Gewissen erstatten werde.

Ist der Sachverständige für die Erstattung von Gutachten der betreffenden Art im Allgemeinen beeidigt, so genügt die Berufung auf den geleisteten Eid.

§ 411. Wird schriftliche Begutachtung angeordnet, so hat der Sachverständige das von ihm unterschriebene Gutachten auf der Gerichtsschreiberei niederzulegen.

Das Gericht kann das Erscheinen des Sachverständigen anordnen, damit derselbe das Gutachten erläutere.

§ 412. Das Gericht kann eine neue Begutachtung durch dieselben oder durch andere Sachverständige anordnen, wenn es das Gutachten für ungenügend erachtet.

Das Gericht kann die Begutachtung durch einen anderen Sachverständigen anordnen, wenn ein Sachverständiger nach Erstattung des Gutachtens mit Erfolg abgelehnt ist.

3. Die Parteien können auf die Beeidigung verzichten (§ 391 Abs. 2, § 410 Abs. 1). In diesem Falle steht auch dem Gericht das Recht der Beeidigung nicht zu (so Struckmann-Koch, Kommentar zu § 391 Anm. 3).

§ 45 GG. Ob die Leistung eines zugeschobenen oder zurückgeschobenen Eides durch bedingtes Urteil oder durch Beweisbeschluss anzuordnen sei, bestimmt das Gericht nach freiem Ermessen.

1. Die **§§ 445 bis 459 CPO.** über Zulässigkeit der Eideszuschiebung, Beweisantretung und Eidesnorm finden entsprechende Anwendung.

§ 445. Die Eideszuschiebung ist nur über Tatsachen zulässig, welche in Handlungen des Gegners, seiner Rechtsvorgänger oder Vertreter bestehen oder welche Gegenstand der Wahrnehmung dieser Personen gewesen sind.

§ 446. Die Eideszuschiebung über eine Tatsache, deren Gegenteil das Gericht für erwiesen erachtet, ist unzulässig.

§ 447. Eine nicht beweispflichtige Partei übernimmt durch Eideszuschiebung nicht die Beweispflicht.

§ 448. Die Zurückschiebung des Eides ist nur insofern zulässig, als nach den Bestimmungen des § 445 die Zuschiebung desselben zulässig sein würde.

Sie findet nicht statt, wenn die Partei, welcher der Eid zugeschoben ist, nicht aber die Gegenpartei über ihre eigene Handlung oder Wahrnehmung zu schwören haben würde.

§ 449. Der Eid kann nur der Partei, nicht einem Dritten zugeschoben oder zurückgeschoben werden. Die Zuschiebung oder Zurückschiebung an einen Nebenintervenienten findet nur statt, wenn dieser als Streitgenosse der Hauptpartei anzusehen ist (§ 69).

§ 450. Das Gericht kann anordnen, daß die in den §§ 445, 448, 449 enthaltenen Beschränkungen für die Zuschiebung und Zurückschiebung des Eides nicht zur Anwendung kommen sollen, wenn die Parteien in Betreff des zu leistenden Eides einig sind und der Eid sich auf Tatsachen bezieht.

§ 451. Die Antretung des Beweises erfolgt durch die Erklärung, daß dem Gegner über die bestimmt zu bezeichnende Tatsache der Eid zugeschoben werde.

§ 452. Die Partei, welcher der Eid zugeschoben ist, hat sich zu erklären, ob sie den Eid annehme oder zurückschiebe, selbst wenn sie Einwendungen in Beziehung auf die Eideszuschiebung vorbringt.

Gibt die Partei keine Erklärung ab oder schiebt sie in einem Falle, in welchem die Zurückschiebung unzulässig ist, den Eid zurück, ohne denselben bedingt anzunehmen, so wird der Eid als verweigert angesehen.

§ 453. Durch die Zuschiebung, Annahme oder Zurückschiebung des Eides wird die Geltendmachung anderer Beweismittel von Seiten der einen oder der anderen Partei nicht ausgeschlossen.

Werden andere Beweismittel geltend gemacht, so gilt der Eid nur für den Fall als zugeschoben, daß die Antretung des Beweises durch die anderen Beweismittel erfolglos bleibt.

§ 454. Werden andere Beweismittel geltend gemacht, so ist die Partei, welcher der Eid zugeschoben wurde, nicht verpflichtet, sich über die Eideszuschiebung früher zu erklären, als bis die Eideszuschiebung nach Aufnahme oder sonstiger Erledigung der anderen Beweismittel wiederholt ist.

Sind andere Beweise aufgenommen, so kann die vorher abgegebene Erklärung widerrufen werden.

§ 455. Wegen unterbliebener Erklärung auf eine Eideszuschiebung kann der Eid nur dann als verweigert angesehen werden, wenn die Partei durch das Gericht zur Erklärung über den Eid aufgefordert ist.

§ 456. Der zurückgeschobene Eid gilt auch ohne ausdrückliche Erklärung über die Annahme als von dem Beweisführer angenommen.

§ 457. Die Zurückschiebung des Eides kann außer dem Falle des § 454 Abs. 2 widerrufen werden, wenn der Schwurpflichtige wegen wissentlicher Verletzung der Eidespflicht rechtskräftig verurteilt oder wenn glaubhaft gemacht wird, daß der Gegner erst nach erfolgter Zurückschiebung des Eides von einer solchen Verurteilung Kenntnis erlangt habe.

§ 458. Die Annahme oder Zurückschiebung des Eides kann außer den Fällen des § 454 Abs. 2 und des § 457 nicht widerrufen werden.

§ 459. Über eine Tatsache, welche in einer Handlung des Schwurpflichtigen besteht oder Gegenstand seiner Wahrnehmung gewesen ist, wird der Eid dahin geleistet:

daß die Tatsache wahr oder nicht wahr sei.

Ist eine solche Thatsache vom Gegner des Schwurpflichtigen behauptet und kann dem letzteren nach den Umständen des Falles nicht zugemutet werden, daß er die Wahrheit oder Nichtwahrheit derselben beschwöre, so kann das Gericht auf Antrag die Leistung des Eides dahin anordnen:

daß der Schwurpflichtige nach sorgfältiger Prüfung und Erkundigung die Überzeugung erlangt habe, daß die Tatsache wahr oder nicht wahr sei.

Über andere Tatsachen wird der Eid dahin geleistet:

daß der Schwurpflichtige nach sorgfältiger Prüfung und Erkundigung die Überzeugung erlangt oder nicht erlangt habe, daß die Tatsache wahr sei.

2. Dagegen ist hinsichtlich der Anordnung der Eidesleistung eine Abweichung von § 460 CPO. vorhanden, indem dem Gericht in allen Fällen Anordnung durch Beweisbeschluß zusteht.

Der richterliche Eid dagegen muß nach §§ 475 ff., insbesondere § 477 Abs. 3 CPO., durch bedingtes Endurteil auferlegt werden.

Beträgt der Wert des Streitgegenstandes nicht über 300 Mk., so ist nach § 55 GG., § 15 des Ges. betr. KG. ein Rechtsmittel nicht zulässig, das Urteil also sofort rechtskräftig.

Nach § 312 Abs. 2 CPO. kann also auf Antrag die Leistung des durch Urteil auferlegten Eides sofort erfolgen.

Bei Urteilen, gegen welche Berufung zulässig ist, hat das Gericht nach Ablauf der Berufungsfrist bezw. nach erfolgloser Einlegung der Berufung von Amts wegen einen neuen Termin zur Leistung des Eides und weiteren Verhandlung anzuberaumen.

§ 46 GG. Erscheint der Schwurpflichtige in dem zur Leistung eines Eides bestimmten Termine nicht, so ist der Eid ohne Weiteres als verweigert anzusehen. Dem Verfahren ist Fortgang zu geben.

Der Schwurpflichtige kann binnen einer Notfrist von drei Tagen nach dem Termine sich zur nachträglichen Leistung des Eides erbieten. Auf ein inzwischen ergangenes Urteil finden die Bestimmungen des § 707 der Civilprozessordnung entsprechende Anwendung. Ein solches Urteil ist, wenn der Eid nachträglich geleistet wird, insoweit aufzuheben, als es auf der Annahme der Eidesverweigerung beruht.

Erscheint der Schwurpflichtige auch in dem zur nachträglichen Eidesleistung bestimmten Termine nicht, so findet ein nochmaliges Erbieten zur Eidesleistung nicht statt.

1. Abs. 1 entspricht § 465 CPO. mit der Maßgabe, daß es eines Antrages nicht mehr bedarf.

2. Zu Abs. 2: **§ 707 CPO.** lautet:

§ 707. Wird die Wiedereinsetzung in den vorigen Stand oder eine Wiederaufnahme des Verfahrens beantragt, so kann das Gericht auf Antrag anordnen, daß die Zwangsvollstreckung gegen oder ohne Sicherheitsleistung einstweilen eingestellt werde oder nur gegen Sicherheitsleistung stattfinde, und daß die erfolgten Vollstreckungsmaßregeln gegen Sicherheitsleistung aufzuheben seien. Die Einstellung der Zwangsvollstreckung ohne Sicherheitsleistung ist nur zulässig, wenn glaubhaft gemacht wird, daß die Vollstreckung einen nicht zu ersetzenden Nachteil bringen würde.

Die Entscheidung kann ohne vorgängige mündliche Verhandlung erfolgen. Eine Anfechtung des Beschlusses findet nicht statt.

3. Gegen Versäumung der Notfrist Wiedereinsetzung gemäß §§ 233, 234 CPO.

§ 47 GG. Über die Verhandlung vor dem Gewerbegericht ist ein Protokoll aufzunehmen. Dasselbe ist von dem Vorsitzenden und dem Gerichtsschreiber zu unterzeichnen.

1. Über den Inhalt des Protokolls bestimmen **§§ 159, 160, 161 CPO.** folgendes:

§ 159. Über die mündliche Verhandlung vor dem Gerichte ist ein Protokoll aufzunehmen.

Das Protokoll enthält:

1. den Ort und den Tag der Verhandlung;
2. die Namen der Richter, des Gerichtsschreibers und des etwa zugezogenen Dolmetschers;
3. die Bezeichnung des Rechtsstreits;
4. die Namen der erschienenen Parteien, gesetzlichen Vertreter, Bevollmächtigten und Beistände;
5. die Angabe, daß öffentlich verhandelt oder die Öffentlichkeit ausgeschlossen ist.

§ 160. Der Gang der Verhandlung ist nur im Allgemeinen anzugeben.

Durch Aufnahme in das Protokoll sind festzustellen:

1. die Anerkenntnisse, Verzichtleistungen und Vergleiche, durch welche der geltend gemachte Anspruch ganz oder teilweise erledigt wird;

2. die Anträge und Erklärungen, deren Feststellung vorgeschrieben ist;
3. die Aussagen der Zeugen und Sachverständigen, sofern dieselben früher nicht abgehört waren oder von ihrer früheren Aussage abweichen;
4. das Ergebnis eines Augenscheins;
5. die Entscheidungen (Urteile, Beschlüsse und Verfügungen) des Gerichts, sofern sie nicht dem Protokolle schriftlich beigefügt sind;
6. die Verkündung der Entscheidungen.

Der Aufnahme in das Protokoll steht die Aufnahme in eine Schrift gleich, welche dem Protokolle als Anlage beigefügt und als solche in demselben bezeichnet ist.

§ 161. Die Feststellung der Aussagen der Zeugen und Sachverständigen kann unterbleiben, wenn die Vernehmung vor dem Prozeßgericht erfolgt und das Endurteil der Berufung nicht unterliegt. In diesem Falle ist in dem Protokolle nur zu bemerken, daß die Vernehmung stattgefunden habe.

Hiernach ist die Protokollierung der Aussagen nicht erforderlich, wenn der Streitgegenstand 300 M. nicht übersteigt (§ 161 CPO., § 55 GG., § 15 KG.).

Ferner kommt **§ 509 CPO.** in Betracht, welcher lautet:

§ 509. Anträge, sowie die Erklärungen über Annahme oder Zurückschiebung zugeschobener Eide sind durch das Sitzungsprotokoll festzustellen; anstatt der Feststellung genügt die Bezugnahme auf den Inhalt eines vorbereitenden Schriftsatzes.

Sonstige Erklärungen einer Partei, insbesondere Geständnisse, sind durch das Protokoll insoweit festzustellen, als das Gericht bei dem Schlusse der mündlichen Verhandlung die Feststellung für angemessen erachtet.

Ferner sind Vergleiche stets in das Protokoll aufzunehmen (§ 41 Abs 2 GG.). Ebenso Aufnahme der Klage (§ 37 Abs. 2 GG.), ferner Beschlüsse über Ordnungsstrafen, Abführung in Haft oder Entfernung einer bei der Verhandlung beteiligten Person 2c., vgl. §§ 184, 185 GVG.

2. Die Beobachtung der für die mündliche Verhandlung vorgeschriebenen Förmlichkeiten kann nur durch das Protokoll bewiesen werden (§ 164 CPO.).

§ 48 GG. Das Urteil ist in dem Termin, in welchem die Verhandlung geschlossen wird, zu verkünden. Ist dies nicht ausführbar, so erfolgt die Verkündung in einem sofort anzuberaumenden Termine, welcher nicht über drei Tage hinaus anberaumt werden soll.

Die Wirksamkeit der Verkündung des Urteils ist von der Anwesenheit der Parteien und der Beisitzer nicht abhängig.

1. Über den Erlaß des Urteils vgl. §§ 300, 301, 302, 303, 306, 307, 308 CPO.

2. Über Verkündung, Aushang, Zustellung des Urteils vgl. §§ 310, 311, 312, 316, 317, 318, 319, 320 CPO.

§ 49 GG. Aus dem Urteile müssen ersichtlich sein:

1. die Mitglieder des Gerichts, welche bei der Entscheidung mitgewirkt haben,
2. die Parteien,
3. das Sach- und Streitverhältnis in gedrängter Darstellung nebst den wesentlichen Entscheidungsgründen,
4. der Spruch des Gerichts in der Hauptsache und in Betreff der Kosten. Der Betrag der letzteren mit Einschluss einer der obsiegenden Partei

etwa zu gewährenden Entschädigung für Zeitversäumnis soll, soweit sie sofort zu ermitteln sind, im Urteile festgestellt werden.

Das Urteil ist von dem Vorsitzenden zu unterzeichnen.

1. § 49 entspricht dem **§ 313 CPO.**, welcher lautet:

§ 313. Das Urteil enthält:

1. die Bezeichnung der Parteien, ihrer gesetzlichen Vertreter und der Prozeßbevollmächtigten nach Namen, Stand oder Gewerbe, Wohnort und Parteistellung;
2. die Bezeichnung des Gerichts und die Namen der Richter, welche bei der Entscheidung mitgewirkt haben;
3. eine gedrängte Darstellung des Sach- und Streitstandes auf Grundlage der mündlichen Vorträge der Parteien unter Hervorhebung der gestellten Anträge (Tatbestand);
4. die Entscheidungsgründe;
5. die von der Darstellung des Tatbestandes und der Entscheidungsgründe äußerlich zu sondernde Urteilsformel.

Bei der Darstellung des Tatbestandes ist eine Bezugnahme auf den Inhalt der vorbereitenden Schriftsätze und auf die zum Sitzungsprotokoll erfolgten Feststellungen nicht ausgeschlossen.

2. Satz 2 in Nr. 4 bezweckt, das besondere Kostenfestsetzungsverfahren der CPO. überflüssig zu machen; er bezieht sich auf die Gerichtskosten (§ 58) und die dem Gegner zu erstattenden Kosten. Im übrigen sind anwendbar §§ 104, 105, 106, 107 CPO.

3. Das Urteil ist von dem Vorsitzenden zu unterzeichnen und nicht, wie nach § 315 Abs. 1 CPO., von allen Richtern, welche bei den Entscheidungen mitgewirkt haben.

§ 50 GG. Ein über den Grund des Anspruchs vorab entscheidendes Zwischenurteil ist in Betreff der Rechtsmittel nicht als Endurteil anzusehen.

Diese Bestimmung stellt eine Abweichung dar von der Vorschrift des § 304 Abs. 2 Satz 1 CPO.; sie dient der Beschleunigung und Vereinfachung des Verfahrens. Hiernach kann das über den Grund des Anspruchs ergehende Zwischenurteil nur zusammen mit dem über den Betrag des Klageanspruchs ergehenden Endurteil angefochten werden. So auch Wilhelmi-Bewer S. 272.

§ 51 GG. Erfolgt die Verurteilung auf Vornahme einer Handlung, so ist der Beklagte zugleich auf Antrag des Klägers für den Fall, dass die Handlung nicht binnen einer zu bestimmenden Frist vorgenommen ist, zur Zahlung einer nach dem Ermessen des Gerichts festzusetzenden Entschädigung zu verurteilen.

In diesem Falle ist die Zwangsvollstreckung in Gemässheit der §§ 887, 888 der Civilprozessordnung ausgeschlossen.

1. § 51 gibt dem Kläger das Mittel, ohne Anstellung einer neuen Klage das Recht des Schadensersatzes gegen Beklagten zu erhalten, welcher dem Urteil nicht Folge leistet.

2. Über die Verurteilung auf Vornahme einer Handlung bestimmen **§§ 887 bis 889 CPO.** folgendes:

§ 887. Erfüllt der Schuldner die Verpflichtung nicht, eine Handlung vorzunehmen, deren Vornahme durch einen Dritten erfolgen kann, so ist der Gläubiger von dem Prozeßgericht erster Instanz auf Antrag zu ermächtigen, auf Kosten des Schuldners die Handlung vornehmen zu lassen.

Der Gläubiger kann zugleich beantragen, den Schuldner zur Vorauszahlung der Kosten zu verurteilen, welche durch die Vornahme der Handlung entstehen werden, unbeschadet des Rechts auf eine Nachforderung, wenn die Vornahme der Handlung einen größeren Kostenaufwand verursacht.

Auf die Zwangsvollstreckung zur Erwirkung der Herausgabe oder Leistung von Sachen finden die vorstehenden Bestimmungen keine Anwendung.

§ 888. Kann eine Handlung durch einen Dritten nicht vorgenommen werden, so ist, wenn sie ausschließlich von dem Willen des Schuldners abhängt, auf Antrag von dem Prozeßgericht erster Instanz zu erkennen, daß der Schuldner zur Vornahme der Handlung durch Geldstrafen bis zum Gesamtbetrage von fünfzehnhundert Mark oder durch Haft anzuhalten sei.

Diese Bestimmung kommt im Falle der Verurteilung zur Eingehung einer Ehe, im Falle der Verurteilung zur Herstellung des ehelichen Lebens und im Falle der Verurteilung zur Leistung von Diensten aus einem Dienstvertrage nicht zur Anwendung.

§ 889. Ist der Schuldner auf Grund der Vorschriften des bürgerlichen Rechts zur Leistung eines Offenbarungseides verurteilt, so erfolgt die Eidesleistung vor dem Prozeßgericht erster Instanz. Auf die Abnahme des Eides finden die Vorschriften der §§ 478—484 Anwendung.

Erscheint der Schuldner in dem zur Eidesleistung bestimmten Termine nicht oder verweigert er die Eidesleistung, so ist nach § 888 zu verfahren. Ist der Schuldner zur Erzwingung der Eidesleistung in Haft genommen, so finden die Vorschriften des § 902 Anwendung.

§ 52 GG. Die Verpflichtung der unterliegenden Partei, die Kosten des Rechtsstreits zu tragen, erstreckt sich auf die Erstattung der dem Gegner durch die Zuziehung eines Prozessbevollmächtigten oder Beistandes entstandenen Auslagen nur unter der

Voraussetzung, dass die Zuziehung durch besondere Umstände gerechtfertigt war, und nur in Ansehung des Betrags, welchen das Gericht für angemessen erachtet.

1. Über die Kosten des Rechtsstreits sind die §§ 91 bis 102 CPO. entsprechend anwendbar. Die durch Zuziehung einer durch § 31 GG. ausgeschlossenen Person entstandenen Auslagen sind nicht erstattungsfähig.

2. Über Anfechtung der Kostenentschädigung s. § 55 Abs. 1 Satz 3 GG.

§ 53 GG. Die nicht auf Grund einer mündlichen Verhandlung ergehenden Beschlüsse und Verfügungen werden, soweit nicht ein Anderes bestimmt ist, von dem Vorsitzenden allein erlassen.

Im Übrigen sind für die Befugnisse des Vorsitzenden und der Beisitzer die Vorschriften über das landgerichtliche Verfahren massgebend.

In Bezug auf die Beratung und Abstimmung finden die Vorschriften der §§ 194 bis 200 des Gerichtsverfassungsgesetzes entsprechende Anwendung.

1. Zu Abs. 1: Eine Zusammenstellung der nicht auf Grund mündlicher Verhandlung ergehenden Beschlüsse oder Verfügungen gibt Wilhelmi-Bewer S. 279.

2. Zu Abs. 2: Über die Befugnisse des Vorsitzenden und der Beisitzer vgl. §§ 136, 139, 396 Abs. 3 CPO.

3. Zu Abs. 3: Die **§§ 194 bis 200 GVG.** lauten:

§ 194. Bei Entscheidungen dürfen Richter nur in der gesetzlich bestimmten Anzahl mitwirken.

Bei Verhandlungen von längerer Dauer kann der Vorsitzende die Zuziehung von Ergänzungsrichtern anordnen, welche der Verhandlung beizuwohnen und im

Falle der Verhinderung eines Richters für denselben einzutreten haben.

Die vorstehenden Bestimmungen finden auch auf Schöffen und Geschworene Anwendung.

§ 195. Bei der Beratung und Abstimmung dürfen außer den zur Entscheidung berufenen Richtern nur die bei demselben Gerichte zu ihrer juristischen Ausbildung beschäftigten Personen zugegen sein, soweit der Vorsitzende deren Anwesenheit gestattet.

§ 196. Der Vorsitzende leitet die Beratung, stellt die Fragen und sammelt die Stimmen.

Meinungsverschiedenheiten über den Gegenstand, die Fassung und die Reihenfolge der Fragen oder über das Ergebnis der Abstimmung entscheidet das Gericht.

§ 197. Kein Richter, Schöffe oder Geschworener darf die Abstimmung über eine Frage verweigern, weil er bei der Abstimmung über eine vorhergegangene Frage in der Minderheit geblieben ist.

§ 198. Die Entscheidungen erfolgen, soweit das Gesetz nicht ein Anderes bestimmt, nach der absoluten Mehrheit der Stimmen.

Bilden sich in Beziehung auf Summen, über welche zu entscheiden ist, mehr als zwei Meinungen, deren keine die Mehrheit für sich hat, so werden die für die größte Summe abgegebenen Stimmen den für die zunächst geringere abgegebenen so lange hinzugerechnet, bis sich eine Mehrheit ergibt.

[Absatz 3 betrifft Strafsachen.]

§ 199. Die Reihenfolge bei der Abstimmung richtet sich nach dem . . . Lebensalter; der Jüngste stimmt zuerst, der Vorsitzende zuletzt. . . . . .

[Absatz 2 betrifft Strafsachen.]

§ 200. Schöffen und Geschworene sind verpflichtet, über den Hergang bei der Beratung und Abstimmung Stillschweigen zu beobachten.

§ 54 GG. In dem ersten, auf die Klage angesetzten Termine kann die Zuziehung der Beisitzer unterbleiben.

Erscheint in dem Termine nur eine der Parteien, so erlässt auf Antrag derselben der Vorsitzende das Versäumnisurteil.

Erscheinen beide Parteien, so hat der Vorsitzende einen Sühneversuch vorzunehmen. Kommt ein Vergleich zu Stande, so ist derselbe in Gemässheit des § 41 Abs. 2 im Protokolle festzustellen. Das Gleiche gilt, wenn die Klage zurückgenommen oder wenn auf den Klageanspruch verzichtet oder wenn derselbe anerkannt wird; in diesen Fällen hat, sofern beantragt wird, die Rechtsfolgen durch Urteil auszusprechen, der Vorsitzende das Urteil zu erlassen.

Bleibt die Sache in dem Termine streitig, so hat der Vorsitzende die Entscheidung zu erlassen, wenn dieselbe sofort erfolgen kann und beide Parteien sie beantragen. Anderenfalls ist ein neuer Verhandlungstermin, zu welchem die Beisitzer zuzuziehen sind, anzusetzen und sofort zu verkünden. Zeugen und Sachverständige, deren Vernehmung der Vorsitzende für erforderlich erachtet, sind zu diesem Termine zu laden.

1. Zu Abs. 1: Als erster Termin wird von Wilhelmi-Bewer § 54 Anm. 1, Cuno ebenda Anm. 1 auch der infolge Einspruchs gegen das im ersten Termin ergangene Versäumnisurteil angesetzte Termin angesehen.

Nach ihrer Ansicht brauchen daher im Einspruchsverfahren die Beisitzer zu dem Termine, welcher auf den Einspruch gegen ein im ersten Termin erlassenes Versäumnisurteil anberaumt ist, nicht zugezogen zu werden. Allerdings sei der Termin nicht auf die Klage angesetzt; aber weil der Einspruch den Rechtsstreit in die frühere Lage zurückversetze, erhalte er die Bedeutung des auf die Klage anberaumten Verhandlungstermins. Dieser Auffassung kann nicht beigetreten werden, denn die Bestimmung, daß der Prozeß in die Lage vor Eintritt der Versäumnis zurückversetzt wird, hat wohl die Bedeutung, daß alle früheren Parteierklärungen, Geständnisse, Anerkenntnisse, Verzichte, Beweisbeschlüsse, Zwischenurteile, soweit sie unerheblich geworden waren, wieder in Wirksamkeit treten. cf. Gaupp-Stein zu § 342 CPO. Die Tatsache aber, daß ein erster auf die Klage angesetzter Termin bereits stattgefunden hat, bleibt bestehen und es fehlt hiernach der gegenteiligen Auslegung an gesetzlicher Grundlage.

2. Zu Abs. 2: Der Vorsitzende ist nach Wilhelmi-Bewer Anm. 3 nicht befugt, den Antrag auf Erlaß des Versäumnisurteils nach § 335 CPO. zurückzuweisen. Es ist aber nicht ersichtlich, weshalb die Anwendbarkeit des § 335 CPO. hier ausgeschlossen sein soll.

3. Zu Abs. 3: Die Rechtsfolgen sind:

bei Zurücknahme der Klage: Tragung der Kosten durch Kläger (§ 271 Abs. 3 CPO.);

bei Verzicht auf den Klageanspruch: Abweisung des Klägers mit dem Klageanspruch und Tragung der Kosten (§§ 306, 91 CPO., § 58 Abs. 3 GG.);

bei Anerkenntnis: Verurteilung gemäß Anerkenntnis (§ 307 CPO.).

4. Zu Abs. 4: Die mündliche Verhandlung muß vor dem Kollegialgericht wiederholt werden, nicht aber notwendig eine vom Vorsitzenden allein vorgenommene und protokollierte Beweisaufnahme. So mit Recht Cuno Anm. 4 l. c., Wilhelmi-Bewer Anm. 11.

§ 55 GG. In den vor die Gewerbegerichte gehörigen Rechtsstreitigkeiten finden die Rechtsmittel statt, welche in den zur Zuständigkeit der Amtsgerichte gehörigen bürgerlichen Rechtsstreitigkeiten zulässig sind. Die Berufung ist jedoch nur zulässig, wenn der Wert des Streitgegenstandes den Betrag von einhundert Mark übersteigt. Entscheidungen über die Festsetzung der Kosten einschliesslich der gemäss § 52 ergangenen sind nicht anfechtbar.

Als Berufungs- und Beschwerdegericht ist das Landgericht, in dessen Bezirke das Gewerbegericht seinen Sitz hat, zuständig.

Ist für das Rechtsmittel gegen eine Entscheidung des Gewerbegerichts eine Notfrist bestimmt, so beginnt diese für jede Partei mit der an sie bewirkten Zustellung und, sofern auf die Zustellung verzichtet war (§ 32 Abs. 2), mit der Verkündung der Entscheidung. Im Übrigen richtet sich die Einlegung des Rechtsmittels und das Verfahren in der Rechtsmittelinstanz nach den Vorschriften der Civilprozessordnung. Die Bestimmung im § 569 Abs. 2 der Civilprozessordnung über die Einlegung der Beschwerde in den bei einem Amtsgericht anhängigen oder anhängig gewesenen Sachen findet entsprechende Anwendung.

1. Zu Abs. 1 Satz 1: Die hier erwähnten Rechtsmittel sind Berufung (§§ 511—544 CPO.) und Beschwerde (§§ 567—577 CPO.). Der Einspruch (§§ 40, 42 GG.) ist kein Rechtsmittel im Sinne der CPO. Die in der Berufungsinstanz ergehenden Urteile der Landgerichte sind endgiltig.

2. Zu Abs. 1 Satz 2: Gemäß § 16 Abs. 1 KG. ist die Berufung gegen die Urteile der KG. nur zulässig, wenn der Wert des Streitgegenstandes den Betrag von dreihundert Mark übersteigt. Maßgebend ist der Wert des Streitgegenstandes zur Zeit des Erlasses des Urteils, nicht zur Zeit der Klageerhebung. So auch Wilhelmi-Bewer Nr. 5 zu § 55 und Cuno Nr. 1 ebenda. Für die Berechnung des Streitwerts sind maßgebend die §§ 3—9 CPO.:

§ 3. Der Wert des Streitgegenstandes wird von dem Gerichte nach freiem Ermessen festgesetzt; dasselbe kann eine beantragte Beweisaufnahme sowie von Amts wegen die Einnahme des Augenscheins und die Begutachtung durch Sachverständige anordnen.

§ 4. Für die Wertsberechnung ist der Zeitpunkt der Erhebung der Klage entscheidend; Früchte, Nutzungen, Zinsen, Schäden und Kosten bleiben unberücksichtigt, wenn sie als Nebenforderungen geltend gemacht werden.

Bei Ansprüchen aus Wechseln im Sinne der Wechselordnung sind Zinsen, Kosten und Provision, welche außer der Wechselsumme gefordert werden, als Nebenforderungen anzusehen.

§ 5. Mehrere in einer Klage geltend gemachte Ansprüche werden zusammengerechnet; eine Zusammenrechnung des Gegenstandes der Klage und der Widerklage findet nicht statt.

§ 6. Der Wert des Streitgegenstandes wird bestimmt: durch den Wert einer Sache, wenn deren Besitz, und durch den Betrag einer Forderung, wenn deren Sicherstellung oder ein Pfandrecht Gegenstand des Streits ist. Hat der Gegenstand des Pfandrechts einen geringeren Wert, so ist dieser maßgebend.

§ 7. Der Wert einer Grunddienstbarkeit wird durch den Wert, welchen dieselbe für das herrschende Grundstück hat, und wenn der Betrag, um welchen sich der Wert des dienenden Grundstücks durch die Dienstbarkeit mindert, größer ist, durch diesen Betrag bestimmt.

§ 8. Ist das Bestehen oder die Dauer eines Pacht- oder Mietverhältnisses streitig, so ist der Betrag des auf die gesamte streitige Zeit fallenden Zinses und, wenn der fünfundzwanzigfache Betrag des einjährigen Zinses geringer ist, dieser Betrag für die Wertsberechnung entscheidend.

§ 9. Der Wert des Rechts auf wiederkehrende Nutzungen oder Leistungen wird nach dem Werte des einjährigen Bezugs berechnet und zwar:

auf den zwölfundeinhalbfachen Betrag, wenn der künftige Wegfall des Bezugsrechts gewiß, die Zeit des Wegfalls aber ungewiß ist;

auf den fünfundzwanzigfachen Betrag, bei unbeschränkter oder bestimmter Dauer des Bezugsrechts. Bei bestimmter Dauer des Bezugsrechts ist der Gesamtbetrag der künftigen Bezüge maßgebend, wenn er der geringere ist.

3. Zu Abs. 1 Satz 3: Durch diese Vorschriften soll über die Festsetzung der Kosten ein weitläufiges Beschwerdeverfahren vermieden werden.

Dagegen ist die Entscheidung über den Kostenpunkt selbst nach Maßgabe des § 99 CPO. anfechtbar. Wenn das Landgericht die Kostenpflicht infolge abweichender Sachentscheidung anders regelt, so wird auch die Kostenfestsetzung der ersten Instanz entsprechend geändert (so auch Cuno Nr. 1 und Wilhelmi-Bewer Nr. 6 zu § 55 GG.).

4. Zu Abs. 2: Zuständig ist die Zivilkammer des Landgerichts (§ 71 GVG.). Das Oberlandesgericht ist zuständig in den Fällen der §§ 160, 183 Abs. 3 GVG. (Ablehnung oder unstatthafte Gewährung von Rechtshilfe, Festsetzung von Ordnungsstrafen).

5. Zu Abs. 3 Satz 1: Die hier in Betracht kommenden Notfristen sind:

1. die einmonatige Berufungsfrist (§§ 516, 517);
2. die zweiwöchige Frist der sofortigen Beschwerde (§ 577 CPO.).

6. Zu Abs. 3 Satz 2: Über die Einlegung der Berufung siehe §§ 511—545 CPO.

7. Über die sofortige Beschwerde bestimmt § 577 CPO.:

§ 577. Für die Fälle der sofortigen Beschwerde gelten die nachfolgenden besonderen Bestimmungen.

Die Beschwerde ist binnen einer Notfrist von zwei Wochen, welche mit der Zustellung, in den Fällen der §§ 336 und 952 Abs. 4 mit der Verkündung der Entscheidung beginnt, einzulegen. Die Einlegung bei dem Beschwerdegerichte genügt zur Wahrung der Notfrist, auch wenn der Fall für dringlich nicht erachtet wird. Liegen die Erfordernisse der Nichtigkeits- oder der Restitutionsklage vor, so kann die Beschwerde auch nach Ablauf der Notfrist innerhalb der für diese Klagen geltenden Notfristen erhoben werden.

Das Gericht darf nur in den Fällen des § 103 Abs. 1 und des § 105 Abs. 4 seine Entscheidung gemäß der Vorschrift des § 571 abändern; zu einer weiteren Änderung der auf Grund dieser Vorschrift erlassenen Entscheidung ist es nicht befugt.

In den Fällen des § 576 muß auf dem für die Einlegung der Beschwerde vorgeschriebenen Wege die Entscheidung des Prozeßgerichts binnen der Notfrist nachgesucht werden. Das Prozeßgericht hat das Gesuch, wenn es demselben nicht entsprechen will, dem Beschwerdegerichte vorzulegen.

8. Zu Abs. 3 Satz 3: **§ 569 Abs. 2 CPO.** lautet:

Die Einlegung erfolgt durch Einreichung einer Beschwerdeschrift; die Einlegung kann auch durch Erklärung zum Protokolle des Gerichtsschreibers erfolgen, wenn der Rechtsstreit bei einem Amtsgericht anhängig ist oder anhängig war, wenn die Beschwerde das Armenrecht betrifft oder von einem Zeugen oder Sachverständigen erhoben wird.

Während die Berufung und die Beschwerdeschrift dem Anwaltszwange unterliegt (§ 78 CPO.), soll diese Bestimmung sicher stellen, daß die Einlegung der Beschwerde dem Anwaltszwang nicht unterliegt. Dies bezieht sich aber nur auf die Einlegung der Beschwerde, nicht auf das weitere Beschwerdeverfahren (so Wilhelmi-Bewer Anm. 3, Struckmann-Koch).

§ 56 GG. Die Anfechtung einer Entscheidung des Gewerbegerichts kann auf Mängel des Verfahrens bei der Wahl der Beisitzer oder auf Umstände, welche die Wählbarkeit eines Beisitzers zu dem von ihm bekleideten Amte nach Massgabe dieses Gesetzes ausschliessen, nicht gestützt werden. Diese Vorschrift findet keine Anwendung, wenn die Anfechtung darauf gestützt wird, dass ein Beisitzer zu den im § 11 Abs. 2 bezeichneten Personen gehört.

Hier findet § 10 KG. entsprechende Anwendung. § 11 Abs. 2 GG. bestimmt, daß Personen, welche zum Amt eines Schöffen unfähig sind (GVG. §§ 31, 32), nicht berufen werden können. Zum Amt eines Schöffen sind unfähig nach GVG. § 32

1. Personen, welche die Befähigung infolge strafgerichtlicher Verurteilung verloren haben;
2. Personen, gegen welche das Hauptverfahren wegen eines Verbrechens oder Vergehens eröffnet ist, das die Aberkennung der bürgerlichen Ehrenrechte oder der Fähigkeit zur Bekleidung öffentlicher Ämter zur Folge haben kann;
3. Personen, welche infolge gerichtlicher Anordnung in der Verfügung über ihr Vermögen beschränkt sind.

§ 32 GVG. Nr. 1 durch § 10 Abs. 1 Nr. 3 KG., § 32 GVG. Nr. 2 ist durch § 10 Abs. 1 Nr. 4 KG. § 32 GVG. Nr. 3 durch § 10 Abs. 1 Nr. 5 KG. ersetzt.

§ 31 GVG. ersetzt durch § 10 Abs. 1 Nr 1 u. 2 KG., da durch die Fassung, daß das Schöffenamt nur von einem Deutschen versehen werden kann, sowohl Personen weiblichen Geschlechts als Ausländer ausgeschlossen sind.

Der Grundsatz des § 579 CPO., daß eine Nichtigkeitsklage stets stattfinde, wenn das erkennende Gericht nicht vorschriftsmäßig besetzt war, ist hier also nicht unerheblich eingeschränkt.

§ 57 GG. Aus den Endurteilen der Gewerbegerichte, welche rechtskräftig oder für vorläufig vollstreckbar erklärt sind, sowie aus den Vergleichen, welche nach Erhebung der Klage vor dem Gewerbegerichte geschlossen sind, findet die Zwangsvollstreckung statt.

Die der Berufung oder dem Einspruch unterliegenden Urteile sind von Amts wegen für vorläufig vollstreckbar zu erklären, wenn sie die in Nr. 1 des § 4 bezeichneten Streitigkeiten betreffen oder der Gegenstand der Verurteilung an Geld oder Geldeswert die Summe von dreihundert Mark nicht übersteigt.

Die vorläufige Vollstreckbarkeit ist nicht auszusprechen, wenn glaubhaft gemacht wird, dass die Vollstreckung dem Schuldner einen nicht zu ersetzenden Nachteil bringen würde; auch kann sie von einer vorgängigen Sicherheitsleistung abhängig gemacht werden.

Im Übrigen finden auf die Zwangsvollstreckung sowie auf den Arrest und die einstweiligen Verfügungen die Vorschriften im achten Buche der Civilprozessordnung Anwendung. Die für den Beginn der Zwangsvollstreckung erforderlichen Zustellungen (§§ 750, 751, 798 der Civilprozessordnung) sind, soweit sie nicht bereits vorher erfolgt sind, auf Antrag des Gläubigers durch das Gewerbegericht zu bewirken.

1. Zu Abs. 1: Über die Rechtskraft der Urteile bestimmen die §§ 705 bis 707 CPO. folgendes:

§ 705. Die Rechtskraft der Urteile tritt vor Ablauf der für die Einlegung des zulässigen Rechtsmittels oder des zulässigen Einspruchs bestimmten Frist nicht ein. Der Eintritt der Rechtskraft wird durch rechtzeitige Einlegung des Rechtsmittels oder des Einspruchs gehemmt.

§ 706. Zeugnisse über die Rechtskraft der Urteile sind auf Grund der Prozeßakten vom Gerichtsschreiber erster Instanz und, solange der Rechtsstreit in einer höheren Instanz anhängig ist, von dem Gerichtsschreiber dieser Instanz zu erteilen.

Insoweit die Erteilung des Zeugnisses davon abhängt, daß gegen das Urteil ein Rechtsmittel nicht eingelegt ist, genügt ein Zeugnis des Gerichtsschreibers des für das Rechtsmittel zuständigen Gerichts, daß innerhalb der Notfrist ein Schriftsatz zum Zwecke der Terminsbestimmung nicht eingereicht sei.

Ist von einer Partei ein Schriftsatz behufs Einlegung eines Rechtsmittels oder des Einspruchs zur Terminsbestimmung eingereicht, so kann nach Ablauf der Notfrist und, sofern die Vornahme der Zustellung unter Vermittelung des Gerichtsschreibers eingeleitet war, nach Ablauf der im § 207 Abs. 2 bestimmten Frist der Gegner beantragen, daß der Partei von dem Gerichtsschreiber eine Frist zum Nachweise der Zustellung bestimmt werde. Nach fruchtlosem Ablaufe dieser Frist ist das Zeugnis über die Rechtskraft zu erteilen.

§ 707. Wird die Wiedereinsetzung in den vorigen Stand oder eine Wiederaufnahme des Verfahrens beantragt, so kann das Gericht auf Antrag anordnen, daß die Zwangsvollstreckung gegen oder ohne Sicherheitsleistung einstweilen eingestellt werde oder nur gegen Sicherheitsleistung stattfinde, und daß die erfolgten Vollstreckungsmaßregeln gegen Sicherheitsleistung aufzuheben seien. Die Einstellung der Zwangsvollstreckung ohne Sicherheitsleistung ist nur zulässig, wenn glaubhaft gemacht wird, daß die Vollstreckung einen nicht zu ersetzenden Nachteil bringen würde.

Die Entscheidung kann ohne vorgängige mündliche Verhandlung erfolgen. Eine Anfechtung des Beschlusses findet nicht statt.

2. Zu Abs. 2: Um den Beteiligten eine möglichst schleunige Durchführung ihrer Rechte zu sichern, soll abweichend von § 709 CPO. die vorläufige Vollstreckbarkeit der Regel nach auch ohne besonderen Antrag von Amts wegen durch das Kaufmannsgericht ausgesprochen werden. Im übrigen vgl. §§ 708 bis 710 CPO.

3. Abs. 3 entspricht §§ 712, 713 Abs. 1 CPO., jedoch ist in letzterem Fall kein Antrag erforderlich.

Über Sicherheitsleistung vgl. §§ 108, 109, 715, 720 CPO.; über die Art der Hinterlegung für Preußen Hinterlegungsordnung vom 14. März 1879 (GS. S. 249) und Art. 84 des AG. z. BGB. vom 20. Sept. 1899 (GS. S. 177).

4. Zu Abs. 4: Im übrigen finden auf den Arrest und die einstweiligen Verfügungen die Vorschriften im achten Buch der CPO. Anwendung. Vollstreckungsgericht im Sinne des § 764 CPO. ist daher nicht das Kaufmannsgericht, sondern das Amtsgericht. Nur soweit es sich um Entscheidungen handelt, welche im Laufe der Zwangsvollstreckung vom Prozeßgericht erster Instanz zu erlassen sind, ist das Kaufmannsgericht zuständig. So auch Cuno Anm. 4 zu § 57.

a) Die Zwangsvollstreckung erfolgt auf Grund einer mit der Vollstreckungsklausel versehenen Ausfertigung des Urteils (§§ 724, 725, 734 CPO.). Dieselbe wird erteilt vom Gerichtsschreiber des Kaufmannsgerichts. Das gleiche gilt für die Ausfertigungen der kaufmannsgerichtlichen Vergleiche.

b) Das Kaufmannsgericht entscheidet im Fall des § 731 CPO. über die Klage auf Erteilung der Vollstreckungsklausel.

c) Das Kaufmannsgericht entscheidet im Fall des § 732 CPO. über Einwendungen des Schuldners gegen die Zulässigkeit der Vollstreckungsklausel.

d) Das Kaufmannsgericht entscheidet gemäß § 767 CPO. über Einwendungen, welche den durch das Urteil festgestellten Anspruch selbst betreffen.

e) Das Kaufmannsgericht ist zuständig für die Vollstreckung behufs Erwirkung von Handlungen (§ 887 CPO.) und von Duldungen und Unterlassungen (§ 890 CPO.).

f) Das Kaufmannsgericht ist zuständig für Klagen auf Leistung des Interesses (§ 893 Abs. 2 CPO.).

Wo aber im achten Buche der CPO. vom Vollstreckungsgericht gesprochen wird, ist das Amtsgericht gemeint, in dessen Bezirk das Vollstreckungsverfahren stattfinden soll (§ 764 CPO.). Im übrigen gilt § 753 CPO.

5. Über die Anordnung des Arrestes vgl. §§ 916 bis 934 CPO.

Zuständig sind nach § 919 CPO. sowohl das Amtsgericht als das Gericht der Hauptsache, also hier das Kaufmannsgericht.

6. Über Erlaß einstweiliger Verfügungen vgl. §§ 935 bis 945 CPO. Zuständig ist das Kaufmannsgericht der Hauptsache nach § 937 Abs. 1 CPO., in dringenden Fällen das Amtsgericht nach § 942 Abs. 1 CPO.

7. In allen Fällen ist die Zwangsvollstreckung abhängig von der Zustellung des Urteils. Diese Zustellung ist auch erforderlich, wo die Parteien auf diese verzichtet haben oder wo die Verkündung in Gegenwart derselben erfolgt ist (§ 32 GG.). Die Vorschriften in §§ 750, 751, 798 CPO. sind zwingendes Recht. So auch Württemberg. Justizminist. Zeitschrift für Civilprozeß (Schultzenstein-Vierhaus) Bd. XVI., 333, Amtsgerichtspräsident, Berlin, Soziale Praxis 1895 S. 770/71,

Wilhelmi-Bewer Anm. 17 zu § 57, Cuno Anm. 6. A. M. v. Schulz Anm. 8.

Die Zustellungen erfolgen von Amts wegen und sind durch den Gerichtsschreiber zu veranlassen (§ 32 GG.). In dem Antrage des Gläubigers um Erteilung einer vollstreckbaren Ausfertigung wird nach der Praxis des Berliner Gewerbegerichts (v. Schulz Anm. 8 zu § 57) für den Gerichtsschreiber des Kaufmannsgerichts der Antrag auf Zustellung an den Schuldner enthalten sein. Auf der alsdann dem Gläubiger zu erteilenden vollstreckbaren Ausfertigung wird die erfolgte Zustellung zu bescheinigen sein. Hierauf kann der Gläubiger den Gerichtsvollzieher unmittelbar mit der Zwangsvollstreckung beauftragen (so Wilhelmi-Bewer Anm. 17 und Cuno Anm. 6 zu § 57, v. Schulz Anm. 8 ebenda).

§ 58 GG. Für die Verhandlung des Rechtsstreits vor den Gewerbegerichten wird eine einmalige Gebühr nach dem Werte des Streitgegenstandes erhoben.

Dieselbe beträgt bei einem Gegenstand im Werte

bis 20 Mark einschliesslich	1,00 Mark,
von mehr als 20 Mark bis 50 Mark einschliesslich	1,50 „
von mehr als 50 Mark bis 100 Mark einschliesslich	3,00 „

Die ferneren Wertsklassen steigen um je einhundert Mark, die Gebühren um je 3 Mark. Die höchste Gebühr beträgt dreissig Mark.

Wird der Rechtsstreit durch Versäumnisurteil oder durch eine auf Grund eines Anerkenntnisses oder einer Zurücknahme der Klage erlassene Entscheidung erledigt, ohne dass eine kontradiktorische Verhandlung vorhergegangen war, so wird eine Gebühr in Höhe der Hälfte der oben bezeichneten Sätze erhoben.

Wird ein zur Beilegung des Rechtsstreits abgeschlossener Vergleich aufgenommen, so wird eine Gebühr nicht erhoben, auch wenn eine kontradiktorische Verhandlung vorausgegangen war.

Schreibgebühren kommen nicht in Ansatz. Für Zustellungen werden bare Auslagen nicht erhoben. Im Übrigen findet die Erhebung der Auslagen nach Massgabe des § 79 des Gerichtskostengesetzes statt. Der § 2 desselben findet Anwendung.

Durch das Statut (§ 1 Abs. 2 bis 4) kann vorgeschrieben werden, dass Gebühren und Auslagen in geringerem Betrag oder gar nicht erhoben werden.

1. Zu Abs. 1: Es wird nur eine einmalige Gebühr erhoben für den gesamten Rechtsstreit.

Die Motive zum GG. S. 35 begründen die Erhebungsart der Gebühren wie folgt:

„Die Gebühren in dem Verfahren vor den Gewerbegerichten sind so zu bemessen, daß einerseits dem Bedürfnis einer möglichst billigen Rechtsprechung genügt, andererseits weder eine frivole Prozeßführung begünstigt, noch eine übermäßige Belastung der Gemeinden herbeigeführt wird. Um diesen Gesichtspunkten Rechnung zu tragen und die Kostenberechnung tunlichst zu vereinfachen, läßt der Entwurf nur eine Gebühr nach mäßigen, aber mit dem Werte des Streitgegenstandes wachsenden Sätzen erheben. Die Gebühr soll auf einen Höchstbetrag von dreißig Mark beschränkt sein und nur im Falle der kontradiktorischen Verhandlung des Rechtsstreits als volle Gebühr, dagegen bei Erledigung der Sache durch Versäumnisurteil, sowie in den übrigen in Abs. 3 bezeichneten Fällen nur zur Hälfte erhoben werden. Für den Fall der Beendigung des Rechtsstreits durch Vergleich sieht der Entwurf von jeder Gebührenerhebung ab, um das an der Kostenfrage häufig scheiternde Zustandekommen von Vergleichen tunlichst zu fördern.

Auch die Erhebung der Auslagen wird durch den Entwurf auf das tunlichst geringe Maß beschränkt. Die Erhebung von Schreibgebühren ist im Abs. 5 besonders ausgeschlossen, und da die Zustellungen von Amts wegen erfolgen, so führt schon die Bestimmung im § 80b des GKG. dazu, auch Zustellungsgebühren von den Parteien nicht zu erheben. Die im Falle der Postzustellung der Post zu entrichtende Zustellungsgebühr, sowie die dem Zustellungsbeamten etwa zu gewährende Vergütung fällt daher der Gemeindekasse, bezw. der Kasse des weiteren Kommunalverbandes zur Last."

2. Über die Berechnung des Wertes des Streitgegenstandes s. §§ 3—9 CPO. und §§ 4—11, 15—17 GKG. Die §§ 114—127 CPO. über das Armenrecht finden entsprechende Anwendung.

3. Zu den in Abs. 5 erwähnten Auslagen gehören z. B. Auslagen für Post- und Telegraphengebühren, für Veröffentlichungen von Bekanntmachungen, Zeugen- und Sachverständigengebühren, Tagegelder, Reisekosten für Lokaltermine 2c. (§ 79 GKG.).

4. Zu Abs. 5. **§ 5 GKG.** lautet:

§ 5. Eine Nachforderung von Gerichtskosten wegen irrigen Ansatzes ist nur zulässig, wenn der berichtigte Ansatz vor Ablauf des nächsten Kalenderjahres nach rechtskräftiger oder endgiltiger Erledigung des Verfahrens dem Zahlungspflichtigen eröffnet ist.

5. Zu Abs. 5. **§ 2 GKG.** lautet:

§ 2. Eine Erhebung von Stempel- und anderen Abgaben neben den Gebühren findet nicht statt.

Urkunden, von denen im Verfahren Gebrauch gemacht wird, sind nur insoweit einem Stempel oder einer anderen Abgabe unterworfen, als sie es ohne diesen Gebrauch sein würden.

Urkunden, welche im Verfahren errichtet werden, bleiben, soweit ihr Inhalt über den Gegenstand des Verfahrens hinausgeht, den allgemeinen Vorschriften über Erhebung von Stempeln oder anderen Abgaben unterworfen.

Hiernach sind kaufmannsgerichtliche Urteile und Vergleiche stempelfrei. Vollmachten unterliegen in Preußen nach Nr. 73 des Tarifs zum Stempelsteuergesetz vom 31. Juli 1895, sofern der Gegenstand mindestens 150 Mk. betrifft, einem Stempel von 1,50 Mk.

§ 59 GG. Schuldner der entstandenen Gebühren und Auslagen ist derjenige, welchem durch die gerichtliche Entscheidung die Kosten auferlegt sind, oder welcher dieselben durch eine vor dem Gewerbegericht abgegebene oder diesem mitgeteilte Erklärung übernommen hat, und in Ermangelung einer solchen Entscheidung oder Übernahme derjenige, welcher das Verfahren beantragt hat.

Die Einziehung der Gerichtskosten erfolgt nach den für die Einziehung der Gemeindeabgaben geltenden Vorschriften.

1. Abs. 1 entspricht den §§ 86 Abs. 1, 89 Abs. 1 GKG. Von der Erhebung eines Kostenvorschusses ist abzusehen vorbehaltlich des § 379 CPO., wonach das Gericht die Ladung eines Zeugen von der Vorschußleistung abhängig machen kann.

Dagegen finden die §§ 110—113 CPO. über die dem Beklagten zu leistende Sicherheit des klagenden Ausländers entsprechende Anwendung.

2. Zu Abs. 2. Die Einziehung erfolgt in Preußen auf Grund der Verordnung betr. das Verwaltungszwangsverfahren wegen Beitreibung von Geldbeträgen vom 15. Nov. 1899 (GS. S. 545) durch Vollziehungsbeamte, nicht Gerichtsvollzieher.

§ 60 GG. Die Kosten der Rechtsmittel und der Zwangsvollstreckung bestimmen sich nach den für die ordentlichen Gerichte massgebenden Vorschriften.

Das Gesuch um Festsetzung der Kosten zweiter Instanz ist bei dem Landgericht anzubringen.

Die Gebührenordnung für Zeugen und Sachverständige findet in dem Verfahren vor den Gewerbegerichten Anwendung.

1. Zu Abs. 1: Es kommt in Betracht das Gerichtskostengesetz vom 29. Juni 1881 in der Fassung der Bekanntmachung des Reichskanzlers vom 20. Mai 1898 (RGBl. S. 659 ff.) und die Gebührenordnung für Gerichtsvollzieher vom 20. Mai 1898 (RGBl. S. 683 ff.).

2. Zu Abs. 2: Vgl. Gebührenordnung für Zeugen und Sachverständige vom 30. Juni 1879 in der Fassung der Bekanntmachung des Reichskanzlers vom 20. Mai 1898 (RGBl. 1898 S. 689 ff.).

§ 61 GG. Die ordentlichen Gerichte haben den Gewerbegerichten nach Massgabe der Bestimmungen des Gerichtsverfassungsgesetzes Rechtshülfe zu leisten.

Vgl. hierüber §§ 157 ff. GVG.

§ 17.

Das Kaufmannsgericht kann bei Streitigkeiten zwischen Kaufleuten und Handlungsgehilfen oder Handlungslehrlingen über die Bedingungen der Fortsetzung oder Wiederaufnahme des Dienst- oder Lehrverhältnisses als Einigungsamt angerufen werden. Auf die Zusammensetzung und das Verfahren des Einigungsamts finden die Bestimmungen der §§ 63 bis 73 des Gewerbegerichtsgesetzes entsprechende Anwendung.

Komm.Ber. S. 47—49, Sten.Ber. S. 406, 409.

1. Erst in der Reichstagskommission ist dem Kaufmannsgericht auch die Aufgabe als Einigungsamt übertragen worden. Der Zusatz entspricht dem § 62 GG.

2. Das Einigungsamt entscheidet nicht über individuelle Ansprüche, sondern über die Bedingungen der Fortsetzung oder Wiederaufnahme des Dienst- oder Lehrverhältnisses. Gedacht ist an den Fall partieller oder genereller Streiks.

3. Zur Anrufung des Einigungsamts besteht keine Verpflichtung.

4. Auf die Zusammensetzung und das Verfahren vor dem Einigungsamt finden die folgenden §§ 63—73 GG. entsprechende Anwendung.

§ 63 GG. Der Anrufung ist Folge zu geben, wenn sie von beiden Teilen erfolgt und die beteiligten Arbeiter und Arbeitgeber — letztere sofern ihre Zahl mehr als drei beträgt — Vertreter bestellen, welche mit der Verhandlung vor dem Einigungsamte beauftragt werden.

Als Vertreter können nur Beteiligte bestellt werden, welche das fünfundzwanzigste Lebensjahr vollendet haben, sich im Besitze der bürgerlichen Ehrenrechte befinden und nicht durch gerichtliche Anordnung in der Verfügung über ihr Vermögen beschränkt sind.

Soweit Arbeiter in diesem Alter nicht, oder nicht in genügender Anzahl vorhanden sind, können jüngere Vertreter zugelassen werden.

Die Zahl der Vertreter jedes Teiles soll in der Regel nicht mehr als drei betragen. Das Einigungsamt kann eine grössere Zahl von Vertretern zulassen.

Ob die Vertreter für genügend legitimiert zu erachten sind, entscheidet das Einigungsamt nach freiem Ermessen.

Zu Abs. 2: Als Beteiligte sind aber auch die allgemeinen Stellvertreter der Kaufleute, z. B. Prokuristen, Direktoren ꝛc. anzusehen (Cuno S. 196 § 66 GG.).

§ 64 GG. Erfolgt die Anrufung nur von einer Seite, so soll der Vorsitzende dem anderen Teile oder dessen Stellvertretern oder Beauftragten Kenntnis geben und zugleich nach Möglichkeit dahin wirken, dass auch dieser Teil sich zur Anrufung des Einigungsamts bereit findet.

§ 65 GG. Auch in anderen Fällen soll der Vorsitzende bei Streitigkeiten der im § 62 bezeichneten Art auf die Anrufung des Einigungsamts hinzuwirken suchen und dieselbe den Beteiligten bei geeigneter Veranlassung nahe legen.

Hier ist an die Fälle gedacht, in denen das Einigungsamt von keiner Seite angerufen ist, sondern der Vorsitzende von den Streitigkeiten auf andere Weise Kenntnis erhält.

§ 66 GG. Der Vorsitzende ist befugt, zur Einleitung der Verhandlung und in deren Verlauf an den Streitigkeiten beteiligte Personen vorzuladen und zu vernehmen. Er kann hierbei, wenn das Einigungsamt gemäss § 63 oder § 64 angerufen worden ist, für den Fall des Nichterscheinens eine Geldstrafe bis zu einhundert Mark androhen. Gegen die Festsetzung der Strafe findet Beschwerde nach den Bestimmungen der Civilprozessordnung statt.

Eine Vertretung beteiligter Personen durch deren allgemeine Stellvertreter (§ 45 der Gewerbeordnung), Prokuristen oder Betriebsleiter ist zulässig.

1. Abs. 1 statuiert einen Erscheinungszwang vor dem Einigungsamt in den Fällen der §§ 63, 64.

2. Über die Form und Inhalt der Ladungen enthält das Gesetz keine Vorschriften.

3. Die Festsetzung der Strafen steht dem Vorsitzenden zu.

4. Zu Abs. 2.

§ 45 GO. lautet:

Die Befugnisse zum stehenden Gewerbebetriebe können durch Stellvertreter ausgeübt werden; diese müssen jedoch den für das in Rede stehende Gewerbe insbesondere vorgeschriebenen Erfordernissen genügen.

§ 67 GG. Das Gewerbegericht, welches als Einigungsamt tätig wird, besteht neben dem Vorsitzenden aus Vertrauensmännern der Arbeitgeber und der Arbeiter in gleicher Zahl.

Die Vertrauensmänner sind von den Beteiligten zu bezeichnen. Erfolgt die Bezeichnung nicht, so werden die Vertrauensmänner durch den Vorsitzenden ernannt.

Einigen sich die Beteiligten über die Zahl der zu ziehenden Vertrauensmänner nicht, so ist die Zahl derselben von dem Vorsitzenden auf mindestens zwei für jeden Teil zu bestimmen.

Die Vertrauensmänner dürfen nicht zu den Beteiligten gehören.

Der Vorsitzende ist befugt, eine oder zwei unbeteiligte Personen als Beisitzer mit beratender Stimme zuzuziehen; vor der Zuziehung sind die beiden Teile zu hören.

1. Zu Abs. 4: Weder die Beisitzer noch die Vertrauensmänner sollen zu den Beteiligten gehören, um ein durch persönliche Interessen nicht beeinflußtes Urteil zu gewährleisten.

2. Zu Abs. 5: Gedacht ist an unbeteiligte Personen, welche allgemeines Ansehen genießen und die Rolle der Vermittler übernehmen.

§ 68 GG. Das Einigungsamt hat durch Vernehmung der Vertreter beider Teile die Streitpunkte und die für die Beurteilung derselben in Betracht kommenden Verhältnisse festzustellen.

Das Einigungsamt oder, im Falle des § 64, der Vorsitzende des Gewerbegerichts ist befugt, zur Aufklärung der in Betracht kommenden Verhältnisse Auskunftspersonen vorzuladen und zu vernehmen.

Jedem Beisitzer und Vertrauensmanne steht das Recht zu, durch den Vorsitzenden Fragen an die Vertreter und Auskunftspersonen zu richten.

Zu Abs. 2: Die Auskunftspersonen sind nicht Zeugen; weder besteht für sie ein Zwang zu erscheinen, noch ist ihre Vereidigung zulässig. Eine Vergütung von Reisekosten oder Entschädigung von Zeitversäumnis ist nur auf Grund des Statuts zulässig.

§ 69 GG. Nach erfolgter Klarstellung der Verhältnisse ist in gemeinsamer Verhandlung jedem Teile Gelegenheit zu geben, sich über das Vorbringen des anderen Teiles sowie über die vorliegenden Aussagen der Auskunftspersonen zu äussern. Demnächst findet ein Einigungsversuch zwischen den streitenden Teilen statt.

§ 70 GG. Kommt eine Vereinbarung zu Stande so ist der Inhalt derselben durch eine von sämtlichen Mitgliedern des Einigungsamts und von den Vertretern beider Teile zu unterzeichnende Bekanntmachung zu veröffentlichen.

1. Über die Bedeutung der Vereinbarung vgl. Urteil des Gewerbegerichts Berlin in Zeitschrift „Gewerbegericht" II Nr. 2 Sp. 14 und Lotmar, Tarifverträge in Brauns Archiv Bd. 15 S. 82 ff.

2. Eine Form für die Veröffentlichung ist nicht vorgeschrieben. Das Nähere wird zweckmäßig das Statut bestimmen.

§ 71 GG. Kommt eine Vereinbarung nicht zu Stande, so hat das Einigungsamt einen Schiedsspruch abzugeben, welcher sich auf alle zwischen den Parteien streitigen Fragen zu erstrecken hat.

Die Beschlussfassung über den Schiedsspruch erfolgt mit einfacher Stimmenmehrheit. Stehen bei der Beschlussfassung über den Schiedsspruch die Stimmen sämtlicher für die Arbeitgeber zugezogenen Vertrauensmänner denjenigen sämtlicher für die Arbeiter zugezogenen gegenüber, so kann der Vorsitzende sich seiner Stimme enthalten und feststellen, dass ein Schiedsspruch nicht zu Stande gekommen ist.

Der Schiedsspruch gewährt keinen Titel zur Zwangsvollstreckung. Er ist in Preußen nicht stempelpflichtig. So auch Wilhelmi-Bewer § 71 Anm. 1.

§ 72 GG. Ist ein Schiedsspruch zu Stande gekommen, so ist derselbe den Vertretern beider Teile mit der Aufforderung zu eröffnen, sich binnen einer zu bestimmenden Frist darüber zu erklären, ob sie sich dem Schiedsspruch unterwerfen. Die Nichtabgabe der Erklärung binnen der bestimmten Frist gilt als Ablehnung der Unterwerfung.

Nach Ablauf der Frist hat das Einigungsamt eine von sämtlichen Mitgliedern desselben unterzeichnete öffentliche Bekanntmachung zu erlassen, welche den abgegebenen Schiedsspruch und die darauf abgegebenen Erklärungen der Parteien enthält.

Die Form der Veröffentlichung wird zweckmäßig durch Statut zu beschließen sein. Selbst wenn sich die Parteien dem Schiedsspruch unterwerfen, hat dieser nur eine moralische, aber keine rechtliche Bedeutung. Eine Vollstreckbarkeit ist ausgeschlossen.

§ 73 GG. Ist weder eine Vereinbarung (§ 70) noch ein Schiedsspruch zu Stande gekommen, so ist dies von dem Vorsitzenden des Einigungsamts öffentlich bekannt zu machen.

Gutachten und Anträge der Kaufmannsgerichte.

§ 18.

Das Kaufmannsgericht ist verpflichtet, auf Ansuchen von Staatsbehörden oder des Vorstandes des Kommunalverbandes, für welchen es errichtet ist, Gutachten über Fragen abzugeben, welche das kaufmännische Dienst- oder Lehrverhältnis betreffen.

Das Kaufmannsgericht ist berechtigt, in den bezeichneten Fragen Anträge an Behörden, an Vertretungen von Kommunalverbänden und an die gesetzgebenden Körperschaften der Bundesstaaten oder des Reichs zu richten.

Zur Vorbereitung oder Abgabe von Gutachten sowie zur Vorbereitung von Anträgen können Ausschüsse aus der Mitte des Kaufmannsgerichts gebildet werden.

Diese Ausschüsse müssen, sofern es sich um Fragen handelt, welche die Interessen beider Teile berühren, zu gleichen Teilen aus Kaufleuten (§ 14) und Handlungsgehilfen zusammengesetzt sein.

Das Nähere bestimmt das Statut.

E. § 16, Begr. S. 14, Komm.Ber. S. 49—52, Sten.Ber. S. 3087 ff.

1. Die Begründung führt zu § 18 aus: „In den vorhandenen gesetzlichen Vertretungen des Handelsstandes sind regelmäßig nur die Kaufleute vertreten. Es kann aber von Wert sein, über diejenigen Fragen aus dem Gebiete des Handelsgewerbes, welche das gegenseitige Verhältnis der Kaufleute und ihres Personals betreffen, Gutachten zu erhalten, bei denen beide Teile zu Worte kommen. Ebenso wird beiden Teilen Gelegenheit zu geben sein, ihre Bedürfnisse und Wünsche in den einschlägigen Fragen zur Kenntnis der Behörden und gesetzgebenden Körperschaften zu bringen." (vgl. Begr. S. 14).

Die Anträge auf Streichung dieses Paragraphen, die sich hauptsächlich auf die Unzweckmäßigkeit der Verquickung richterlicher und gutachtlicher Tätigkeit stützten, wurden in der Kommission abgelehnt.

2. Zu Abs. 1: § 18 entspricht dem § 75 GG. In der Regel ist das Plenum des Gewerbegerichts zu berufen. Den im Abs. 1 bezeichneten Organen gegenüber besteht eine Pflicht des Kaufmannsgerichts zur Abgabe von Gutachten. Zu den Staatsbehörden im Sinne des Abs. 1 gehören auch die staatlichen Gerichte. Ein Recht gehört zu werden, besteht nicht.

Im übrigen Regelung durch das Statut, insbesondere über Teilnahme der Stellvertreter an den Verhandlungen, Zusammensetzung und Aufgabe des Ausschusses, Art der Abstimmung, Öffentlichkeit der Verhandlung 2c.

Verfahren vor dem Gemeindevorsteher.

§ 19.

Ist ein zuständiges Kaufmannsgericht nicht vorhanden, so kann bei Streitigkeiten der im § 5 Abs. 1 Nr. 1 und 5 bezeichneten Art jede Partei die vorläufige Entscheidung durch den Vorsteher der Gemeinde (Bürgermeister, Schultheiß, Ortsvorsteher usw.) nachsuchen. Zuständig ist der Vorsteher der Gemeinde, in deren Bezirke die streitige Verpflichtung aus dem Dienst- oder Lehrverhältnisse zu erfüllen ist oder sich die Handelsniederlassung des Kaufmanns befindet oder beide Parteien ihren Wohnsitz haben.

Die Vorschriften des § 76 Abs. 2, 3 und der §§ 77 bis 80 des Gewerbegerichtsgesetzes finden sinngemäße Anwendung.

E. § 17. Begr. S. 14. Komm.Ber. S. 52—53. Sten.Ber. S. 392 ff.

§ 76 Abs. 2 u. 3 GG. lauten:

Den Parteien ist Gelegenheit zu geben, ihre Ausführungen und Beweismittel in einem Termine vorzubringen. Eine Beweisaufnahme durch Ersuchen anderer Behörden findet nicht statt; Vereidigungen sind nicht zulässig.

Kommt ein Vergleich zu Stande, so ist ein Protokoll darüber aufzunehmen und von den Parteien und dem Gemeindevorsteher zu unterschreiben.

Eine Verpflichtung zur Anrufung des Gemeindevorstehers besteht nicht. Das Verfahren ist kosten- und gebührenfrei. § 58 GG. nicht anwendbar. Der Vorsteher ist nicht an die Vorschriften der CPO. gebunden.

§ 77 GG. Die Entscheidung des Gemeindevorstehers ist schriftlich abzufassen; sie geht in Rechtskraft über, wenn nicht binnen einer Notfrist von zehn Tagen von einer der Parteien Klage bei dem ordentlichen Gericht erhoben wird. Die Frist beginnt mit der Verkündung, gegen eine bei der Verkündung nicht anwesende Partei mit der Behändigung der Entscheidung.

Die Entscheidungen des Gemeindevorstehers sind von Amts wegen für vorläufig vollstreckbar zu erklären.

Die vorläufige Vollstreckbarkeit ist nicht auszusprechen, wenn glaubhaft gemacht wird, dass die Vollstreckung dem Schuldner einen nicht zu ersetzenden Nachteil bringen würde; auch kann sie von einer vorgängigen Sicherheitsleistung abhängig gemacht werden.

Ist rechtzeitig Klage erhoben, so findet der § 707 der Civilprozessordnung entsprechende Anwendung.

1. Zu Abs. 1: Über Form und Inhalt der Entscheidung bestehen keine Vorschriften.

Gegen die Notfrist von zehn Tagen Wiedereinsetzung in den vorigen Stand gegeben (§§ 233 ff. CPO.). Wird Klage bei dem ordentlichen Gericht fristgerecht erhoben, so gelangt die Sache in ihrer Gesamtheit von neuem zur Verhandlung ohne jedwede Berücksichtigung der von dem Vorsteher stattgehabten Verhandlung.

2. Zu Abs. 2: Unterläßt der Vorsteher Vollstreckbarkeitserklärung, so ist nur Beschwerde im Dienstaufsichtswege gegeben.

§ 78 GG. Die vor dem Gemeindevorsteher geschlossenen Vergleiche sowie die rechtskräftigen oder vollstreckbaren Entscheidungen desselben sind, sofern die Partei es beantragt, auf Ersuchen des Gemeindevorstehers durch die Ortspolizeibehörde nach den Vorschriften über das Verwaltungszwangsverfahren zu vollstrecken. Ein unmittelbarer Zwang zur Vornahme einer Handlung ist nur im Falle des § 127 d der Gewerbeordnung zulässig; die Leistung von Diensten aus einem Dienstvertrage kann durch Geldstrafen nicht erzwungen werden. Wo ein Verwaltungszwangsverfahren nicht besteht, finden die Bestimmungen über die Zwangsvollstreckung in bürgerlichen Rechtsstreitigkeiten Anwendung.

1. Voraussetzung der Vollstreckung ist Ersuchen des Gemeindevorstehers. Unmittelbares Ersuchen der Partei genügt nicht. Der Gemeindevorsteher muß die Rechtskraft seiner Entscheidung prüfen. Es wird in der Regel von der die Zwangsvollstreckung betreibenden

Partei Zeugnis des Gerichtsschreibers des zuständigen Gerichts erforderlich sein, daß innerhalb der Notfrist ein Schriftsatz zum Zwecke der Terminsbestimmung nicht eingereicht ist (§ 706 Abs 2 CPO.).

2. Das Verwaltungszwangsverfahren ist in Preußen nicht geregelt hinsichtlich der Einwirkung der Herausgabe oder Leistung von Sachen. Es finden also die §§ 883 bis 886 CPO. Anwendung.

Hinsichtlich der Beitreibung von Geldbeträgen für Preußen Verordnung vom 15. Nov. 1889 (GS. S. 545). Hinsichtlich der Erwirkung von Handlungen oder Unterlassungen in Preußen §§ 132, 133 des Gesetzes über die allgemeine Landesverwaltung vom 30. Ju i 1888 (GS. S. 195), deren Vorschriften durch Satz 2 des § 73 insofern abgeändert werden, als unmittelbarer Zwang zur Erwirkung einer Handlung, abgesehen von § 127d Gewerbeordnung unzulässig und zur Erzwingung von Diensten aus einem Dienstvertrage Androhung und Festsetzung von Geldstrafen ausgeschlossen ist, vgl. Cuno Anm. 2 zu § 78.

3. **§ 127d Gewerbeordnung** lautet:

„Verläßt der Lehrling in einem durch dies Gesetz nicht vorgesehenen Falle ohne Zustimmung des Lehrherrn die Lehre, so kann letzterer den Anspruch auf Rückkehr des Lehrlings nur geltend machen, wenn der Lehrvertrag schriftlich geschlossen ist. Die Polizeibehörde kann in diesem Falle auf Antrag des Lehrherrn den Lehrling anhalten, solange in der Lehre zu verbleiben, als durch gerichtliches Urteil das Lehrverhältnis nicht für aufgelöst erklärt ist, oder dem Lehrlinge durch einstweilige Verfügung eines Gerichts gestattet ist, der Lehre fern zu bleiben. Der Antrag ist nur zulässig, wenn er binnen einer Woche nach dem Austritte des Lehrlings gestellt ist. Im Falle unbegründeter Weigerung der Rückkehr hat die Polizeibehörde den Lehrling zwangsweise zurückführen zu lassen, oder durch Androhung von Geldstrafe bis zu fünfzig Mark oder Haft bis zu fünf Tagen zur Rückkehr anzuhalten."

§ 79 GG. Der Gemeindevorsteher kann die Wahrnehmung der ihm nach den §§ 76 bis 78 obliegenden Geschäfte mit Genehmigung der höheren Verwaltungsbehörde einem Stellvertreter übertragen. Derselbe muss aus der Mitte der Gemeindeverwaltung oder Gemeindevertretung auf mindestens ein Jahr berufen werden. Die Berufung ist öffentlich bekannt zu machen.

Höhere Verwaltungsbehörde vgl. Anm. 7 zu § 1.

§ 80 GG. Durch Anordnung der Landes-Zentralbehörde kann an Stelle des Gemeindevorstehers ein zur Vornahme von Sühneverhandlungen über streitige Rechtsangelegenheiten staatlich bestelltes Organ mit Wahrnehmung der in den §§ 76 bis 78 aufgeführten Geschäfte beauftragt werden. Die Anordnung ist öffentlich bekannt zu machen.

Für Preußen kommt in Betracht die Schiedsmannsordnung vom 29. März 1879 (GS. S. 321).

Schlußbestimmungen.

§ 20.

Die Landes-Zentralbehörde kann anordnen, daß in Bezirken, für welche zur Entscheidung gewerblicher Streitigkeiten auf Grund der Landesgesetze Gewerbegerichte bestehen (§ 85 des Gewerbegerichtsgesetzes), die für diese Gewerbegerichte geltenden besonderen Vorschriften über die Bildung von Vergleichskammern oder Vergleichsämtern und über das Verfahren vor

denselben auch auf die Kaufmannsgerichte Anwendung finden.

Komm.Ber. S. 53—54, Sten.Ber. S. 3089 ff.

Vorstehende Vorschrift wurde in der Reichstagskommission eingefügt.

Nach § 14 Nr. 4 des Gerichtsverfassungsgesetzes werden als besondere Gerichte zugelassen Gewerbegerichte. Durch diese Vorschrift wurden die z. Zt. des Erlasses des Gerichtsverfassungsgesetzes landesgesetzlich bestehenden Gerichte zur Entscheidung von Streitigkeiten zwischen Gewerbetreibenden und ihren Arbeitern als besondere Gerichte aufrecht erhalten und zugleich gestattet, bis zu einer reichsgesetzlichen Regelung des Gegenstandes weitere landesgesetzliche Bestimmungen zu treffen. Bei Erlaß der Reichsgesetzgebung bestanden in Preußen die Königlichen Gewerbegerichte in der Rheinprovinz. Dieselben haben drei Eigentümlichkeiten, einmal wird der Vorsitzende durch den Regierungspräsidenten ernannt, sodann wird das Statut nicht vom Magistrat, sondern vom Gewerbegericht selbst gemacht, und drittens endlich ist das Verfahren insofern ein anderes, als eine obligatorische Vergleichskammer, die vor dem eigentlichen Verhandlungstermin konstituiert werden muß, aus dem Vorsitzenden und je einem Beisitzer zusammengesetzt wird. Die nach § 14 Nr. 4 des Gerichtsverfassungsgesetzes zugelassenen Gewerbegerichte blieben nach § 85 des Gesetzes betreffend die Gewerbegerichte nur unter der Voraussetzung bestehen, daß vom 1. April 1892 ab die Beisitzer zur Hälfte aus Arbeitgebern, zur anderen Hälfte aus Arbeitern bestehen und durch unmittelbare und geheime Wahl der Arbeitgeber und Arbeiter bestellt sind. Die für diese Sondergerichte geltenden besonderen Vorschriften über die Bildung von Vergleichskammern und Vergleichsämtern und über das Verfahren vor denselben sollen auch vor den Kaufmannsgerichten Anwendung finden. Eine Übersicht über diese landesgesetzlichen Sondergerichte s. bei Wilhelmi-Bewer zu § 85 GG.

§ 21.

Streitigkeiten, welche anhängig geworden sind, bevor ein für sie zuständiges Kaufmannsgericht bestand, werden von den bis dahin zuständig gewesenen Behörden erledigt.

E. § 18, Begr. S. 14, Komm.Ber. S. 54, Sten.Ber. S. 392 ff, 3009 ff., 3227 ff.

Auch die Vollstreckbarkeit, sowie Art und Weise der Zwangsvollstreckung fällt unter § 21.

§ 22.

Die vorstehenden Bestimmungen treten, soweit sie sich auf die Herstellung der zu ihrer Durchführung erforderlichen Einrichtungen beziehen, mit dem Tage der Verkündung, im übrigen mit dem 1. Januar 1905 in Kraft.

E. § 19, Begr. S. 14, Komm.Ber. S. 54—55, Sten.Ber. S. 392 ff., 3009 ff., 3227 ff.

Urkundlich unter Unserer Höchsteigenhändigen Unterschrift und beigedrucktem Kaiserlichen Insiegel.

Gegeben Swinemünde, an Bord M. Y. „Hohenzollern", den 6. Juli 1904.

(L. S.) **Wilhelm.**

Graf von Posadowsky.

Sachregister.

(Die Zahlen bedeuten die Seiten.)

A.

Ablehnung der Wahl zum Beisitzer 40—42, von Gerichtspersonen 57—59.

Abschriften 65.

Abstimmung 108, 109.

Abteilung des KG. 25.

Agenten 6.

Aktiengesellschaft 8, gleich Kaufleuten 29.

Anfechtung der Entscheidungen des KG. 116.

Angestellte 9, 10.

Annoncenbureaubeisitzer 6.

Antrag: als Voraussetzung zur Errichtung der KG. 4, nicht nötig 17, 18, an Behörden 131, 132.

Apotheker fallen nicht unter die KG. 18, 19.

Arbeiter und Vorarbeiter 9.

Arbeitsverdienst s. Jahresarbeitsverdienst.

Arrest und einstweilige Verfügung 117, 119.

Armenunterstützung, Einfluß auf Wählbarkeit 27, 28.

Ärztliche Heilanstalten 7.

Aufsichtsbehörde 12.

Aufrechnung 52—54.

Auktionskommissare 7.

Ausfertigung von Urteilen rc. 63.

Augenschein 88.

Auslagen 122—124.

Ausländer, ausgeschlossen vom passiv. Wahlrecht 26, vom aktiven 35.

Aussetzung der Verhandlung 87.

B.

Bäcker 6, 8.

Bankier 6.

Baugeldgeber 6.

Bauunternehmer 7.

Beamte 10.

Beeidigung der Mitglieder des KG. 43, 44.

Beglaubigung der Abschriften bei Zustellungen 65.

Beisitzer des KG. 25, Qualifikation 31, 32, Wahl derselben 32, 35 ff., Ablehnung der Wahl 40, Vergütung 40, Ordnungsstrafen 44, Zuziehung zur Verhandlung 45, Nichtzuziehung 110.

Beistände 61—63, Kostenersatz 107.

Bekanntmachung der Mitglieder der KG. 40.

Bergwerksbesitzer 7.

Berufung, Zulässigkeit 47, 48. geht an Landgericht 112.

Beschäftigung als Voraussetzung zu den Beisitzerwahlen 31, 35.

Beschwerde gegen Wahlen 39, sofortige 115.

Besetzung des KG. 45.

Bestätigung des Vorsitzenden und Stellvertreters 29.

Beweisaufnahme 87 ff.

Bezirksausschuß, Funktionen 13, 16.

Branntweinbrennerei 8.

Brauerei 8.

Büchsenmacher 6.

Buchdrucker 6.

Bureaudienst und Bureauräumlichkeiten 25, 26.

Butter- und Käsebereitung 8.

C.

Cession, Einfluß auf die Zuständigkeit der KG. 11.

Chemiker 9.

D.

Dampfwaschanstalten 6.

Dienst- oder Lehrverhältnis 1, 19 ff., 21.

Dienstsiegel der KG. 4.

Dienstaufsicht über die KG. 43.

Disziplinarstrafen gegen Mitglieder des KG. 43.

Dolmetscher 77, 78.

Drechsler 6.

Dreher 6.

Droschkenunternehmer 6.

E.

Ehrenamt der Beisitzer 40.

Ehrenrechte, bürgerliche, Voraussetzung zur Wahl 26, 35.

Eid als Beweismittel 97 bis 102.

Einigungsamt 3, 125 ff., Zusammensetzung 128, Anordnung 126, 127, Verhandlung 129, Schiedsspruch 129, 130.

Einnahme der KG. 24.

Einrede, prozessierende 87.

Einspruch gegen Versäumnisurteil 80—82, kein Rechtsmittel 112.

Eintrittsgelder 20, 22.

Einwohnerzahl 17.

Einziehungsbureau 7.

Eisenbahnunternehmer 6.

Eisenwerksbesitzer 6.

Enthebung der Mitglieder des KG. 42, 43.

Entschädigung für Zeitversäumnis 40

Entsetzung der Mitglieder des KG. 42, 42.

Erfüllungsort 51.

Ergänzungsbeisitzer 45.

Erwerbs- und Wirtschaftsgenossenschaften 8, 9.

F.

Fabrikant 6.

Färber 6.

Firma 6.

Fleischer 6.

Forstwirtschaft s. Landwirtschaft.

Frachtführer 6.

Frauen, ausgeschlossen vom passiven Wahlrecht 26—28, vom aktiven 35, 36.

Friseure 6.

G.

Gasanstalt 6.

Gebühren der KG. 24, 121 bis 124.

Gehalt 18.

Gehilfe s. Handlungsgehilfe.

Geldstrafe s. Strafen.

Gemeinde 2, als Gewerbetreibende 37.

Gemeindevorsteher als Ersatz des KG. 132—136, Verfahren vor demselben 133, Vollstreckbarkeit der Entscheidungen und Vergleiche 134, Stellvertretung 136.

Gemeindebeamte als Zustellungsbeamte 45, 47.

Gemeinsames KG. 2, 3, 17.

Gerber 6, 8.

Gerichtsferien finden nicht statt 51.

Gerichtsschreiber, Funktionen desselben 45—47.

Gerichtssprache 77.

Gerichtsschreiberei 25, 45.

Gerichtstage 73.

Gerichtsvollzieher bei Zustellung 45, 47.

Geschäftsführer 9.

Gesellschaft mit beschr. Haftung 8, 30.

Gesindevermietungsbureau 7.

Gewerbliche Dienste 9.

Glaser 6.

Gratifikationen 19.

Grundstücksmakler 7.

Grundstücksspekulant 7.

Gutachten und Anfragen an Behörden 2c. 131, 132.

H.

Handelsniederlassung als Voraussetzung für die Wahlen 27, 35.

Handelsregister 7.

Handlungslehrling, Begriff 11, Lehrvertrag 21.

Handlungsgehilfe, Begriff 9—11, darf nicht Vorsitzender des KG. sein 28, bei den Beisitzerwahlen 32.

Handelsgesellschaft, offene 8.

Handelsgewerbe 4 ff.

Handwerker 8.

Harz- und Pechgewinnung 7.

Hausierer 8.

Höhere Verwaltungsbehörde s. Verwaltungsbehörde.

Höker 8.

Holzkohlengewinnung 7.

Hotelier 6.

Hutfabrikant 6.

Hypothekenmakler 7.

J.

Jahresarbeitsverdienst 18, 19, 38.

Invalidenversicherung 20.

Jurist, als Vorsitzender oder Stellvertreter 28—31.

Juristische Person 37.

K.

Kammern s. Abteilungen.

Kaufmannsgerichte, Verhältnis zu den ordentlichen und den Gewerbegerichten 48 ff., 54.

Kaufleute, Begriff 4 ff., den Kaufleuten gleichstehende Personen 37.

Kaufmännische Dienste 9.

Kellner 9.

Klage, Erfordernisse 68, 69, Änderung 72, Rücknahme 72, 73, an ordentlichen Gerichtstagen 73.

Kleingewerbetreibende 8.

Koch 9.

Kommanditgesellschaft 8, auf Aktien 8.

Kommissar 6.

Kommis 9.

Kommunalverband, weiterer 12, 13, 15.

Konditor 6.

Konfektionär 9.

Konkurrenzklausel 20, 22.

Konventionalstrafe 20.

Korrespondent 9.

Kosten der KG. 24, Anfechtung wegen K. 114, der Rechtsmittel und Zwangsvollstreckung 124, 125.

Krankenkassenbücher 20.

Krankenversicherungsbeiträge 20, 21.

Kreistag, Befugnisse 13.

Kunstgärtnerei 7.

Kunsthändler 6.

L.

Ladenmädchen 9.

Ladungen 67, 68.

Landeszentralbehörde 2, 11 ff.

Landgemeinde, Beschlußfassung über Statuten 13.

Landgericht zuständig für Berufung und Beschwerde 112.

Landwirtschaft und Forstwirtschaft 7.

Lebensjahr, Einfluß dess. auf das Wahlrecht 27, 35.

Legitimationspapier 20.

Leihämter 7.

Leihbibliotheken 7.

Leitung der Verhandlung 83.

Lehrvertrag 21.

Lithograph 6.

Lohn 18.

Lotteriekollekteur 6.

M.

Magistrat, Mitwirkung bei Statuten 13, bei Ernennung des Vorsitzenden 28.

Mahnverfahren findet nicht statt 51.

Makler 6.

Minderjährigkeit des Prinzipals oder Gehilfen bezw. Lehrlings 21.

Minderkaufleute 8.

Mitglieder der KG., Qualifikation 26—28, Bekanntmachung der Namen 40.

Müller 6.

Mündliche Verhandlung 84.

Münzenhändler 6.

Musikalienhändler 6.

N.

Nebengewerbe des landwirtschaftlichen Betriebes 7.

Niederlassung, gewerliche 51.

Niedere Dienste 9, 10.

Notfrist 68, 112, 114.

O.

Oberpräsident, Befugnisse 14.

Obstwein- und Essigfabrikation 8.

Öffentlichkeit der Verhandlung 74, 75.

Ölmüllerei 7.

Omnibusbesitzer 6.

Ordnung, Aufrechterhaltung 75.

Ordnungsstrafen gegen Beisitzer 44; wegen Ungebühr 75, 76.

Örtliche Zuständigkeit 18; des KG. 51.

Ortspolizeibehörde vollstreckt Entscheidungen des Gemeindevorstehers 134.

Ortsstatut 11.

P.

Parteibetrieb eingeschränkt 49.

Persönliches Erscheinen der Parteien 83, 85.

Pferdebahnbesitzer 6.

Photograph 6.

Post 6; Zustellung durch die 66, 67.

Protokoll 50; über Verhandlung vor den KG. 102 bis 104.

Proportitionalwahl s. Verhältniśiswahl.

Prokuristst 9.

Provinzizziallandtag, Befugnisse 113.

Provinzizialrat, Befugnisse 13.

Prozeßbbevollmächtigte, geschäfts.smäßige 61—63; bezüglichch der Prozeßkosten 107.

Prozeßffähigkeit und Parteifähigkkeit, Begriff 60, 61.

Provisioon 18.

Q.

Quittunngskarte 20.

R.

Rechtsaanwälte, nicht zugelassen: 61—63.

Rechtshhängigkeit 70—72.

Rechtshhilfe 125.

Rechtskkonsulenten s. Prozeßbevolllmächtigte.

Rechtskkraft 117 ff.

Rechtsmmittel 111, 112.

Rechtsnachfolger 11.

Redakteeur 9.

Regierungspräsident 14, 16.

Reich und Bundesstaat, deren Angestellte keine Kaufleute 10.

Reisekosten 25, 40.

Reisende 9.

Reisespesen 18.

Ruhen des Verfahrens 78, 84.

S.

Sachliche Zuständigkeit der KG. 19 ff.; Unzuständigkeit des Amtsgerichts 50, 54—56.

Sachverständige 86, 94—97.

Sand-, Kies-, Kalkgewinnung 7.

Schadensersatz 20.

Schiedsgericht 23.

Schiedsmänner 136.

Schiedsspruch d. Einigungsamtes 129, 130.

Schiedsvertrag 23.

Schieferbrüche 7.

Schiffer 8.

Schneider 8.

Schreibgebühr kommt nicht in Ansatz 122.

Schriftsätze, vorbereitende 69, 70.

Seifensiederei 7.
Spediteur 6.
Spinnerei 6.
Staatliche Gerichte 4.
Stadtgemeinde 13.
Statut 2, 4, 11, 13, 24.
Stempelfreiheit der Urteile und Vergleiche 124.
Stellvertreter d. Vorsitzenden 25, 26; Befähigung 28–31.
Steinbruchbesitzer 7.
Strafen 24.
Streitwert s. Wert.
Stimmenthaltung beim Einigungsamt 130.
Sühneversuch 83.

T.

Talgsiederei 7.
Tantieme 18.
Technische Dienstleistungen 9.
Termine 67, 69, erster 110
Theateragenturen 7.
Tischler 8.
Tongräberei und **Tonröhrenfabrik** 7.
Torfbereitung 7.
Trödler 8.

U.

Übergangsbestimmungen 138.
Ungültigkeitserklärungen der Wahlen 39.
Unmittelbare Wahl 32.
Unterbrechung der Verjährung 64.
Unterhaltung der KG. 24.
Unterzeichnung des Urteils 105, des Protokolls 102.
Urkunden, Erklärung über 50, Vorlegung 85, 89.
Urteil 104—106, Zwischenurteil 106, Urteil auf Vornahme einer Handlung 106, 107.

V.

Verbindung mehrerer Klagen 86.
Vereidigung s. Beeidigung.
Verfahren der KG. 47 ff., vor den Amtsgerichten 49.
Vergleich 83, vor dem Gemeindevorsteher 134, Vergleichsämter und Vergleichskammern 136, 137.
Vergütigung für Reisekosten 40.
Verhältniswahl 32—35.

Verjährung 64.
Verkäufer 9.
Verkündung der Urteile rc. 74.
Verleger 6.
Veröffentlichung des Namens und Wohnort der Mitglieder des KG. 40, beim Einigungsamt 129, 130.
Versäumnisurteil 78 ff., Einspruch 80—82.
Versicherung gegen Prämie 5, 6, auf Gegenseitigkeit 7, 10.
Vertragsstrafe 20.
Vertrauensmänner bei dem Einigungsamt 128.
Vertreter für nicht prozeßfähige und abwesende Parteien 60.
Verwaltungsbeamter, höherer, als Vorsitzender 28, 29.
Verwaltungsbehörde, höhere 11, 12, 13 ff., 16.
Verwaltungszwangsverfahren 134, 135.
Vollstreckung 117—121, vorläufige Vollstreckbarkeit 117, 119, Vollstreckungsgericht 120.
Volontär kein Handlungsgehilfe 10.
Vormundschaftsgericht 21.
Vorschlagslisten 32 ff.
Vorsitzender des KG. 25, 26, Befähigung 28, 30, Wahl derselben 30, 31, Befugnisse 108, 109, V. ohne Beisitzer 110, 111.
Vorstandsmitglieder 10.

W.

Wahl 37 ff., Beschwerde gegen 39, Eingreifen der höheren Verwaltungsbehörde 39.
Wahllisten 38.
Wahlverfahren 37—40.
Warenhändler 6.
Weiterer Kommunalverband s. Kommunalverband.
Wert des Streitgegenstandes 79, 113, 114.
Widerklage 52.
Wiederwahl der Beisitzer 32.
Wohnort der Mitglieder der KG. bekannt zu machen 40.
Wohnsitz, Gerichtsstand 51.

Z.

Zeitversäumnis 25, der Beisitzer 40.
Zentralbehörde s. auch Landeszentralbehörde, 11 ff., 17.

Zeugen 88, 89, 91—94.
Zeugnis 19, 20.
Zeitungsverleger 6.
Zuständigkeit der KG., sachliche 19 ff., örtliche 51, 52, ausschließliche 23.
Zusammensetzung des KG. 24.
Zustellungen von Amtswegen 63—67.
Zustellungsbeamte s. Gerichtsvollzieher und Gemeindebeamte.
Zwangsvollstreckung aus Urteilen rc. 117—121.
Zwischenurteil 106.

Druck von Otto Walter, Berlin S 14.

Verzeichnis

der

Guttentag'schen Sammlung Deutscher Reichs- und Preussischer Gesetze

Text-Ausgaben

mit Anmerkungen u. Sachregister

Guttentag'sche Sammlung

Deutscher Reichsgesetze.

Text-Ausgaben mit Anmerkungen. Taschenformat.

---

1. **Verfassung** des Deutschen Reichs. Gegeben Berlin, den 16. April 1871. Von Dr. **L. von Rönne.** Neunte Auflage von Landrath **Paul von Rönne.** 2 M. 40 Pf.

2. **Strafgesetzbuch** für das Deutsche Reich. Nebst den gebräuchlichsten Reichs-Strafgesetzen: Presse, Entziehung elektrischer Arbeit, Kranken-, Unfall-, Invalidenversicherung, Gewerbeordnung, unlauterer Wettbewerb, Depot- und Börsengesetz, gewerbliche Kinderarbeit u. s. w. Von Dr. **H. Rüdorff.** Einundzwanzigste Auflage von Dr. **H. Appelius,** Kammergerichtsrath. 1 M. 20 Pf.

3. **Militärstrafgerichtsordnung** nebst Einführungsgesetz und Gesetz, betreffend die Dienstvergehen der richterlichen Militärjustizbeamten und die unfreiwillige Versetzung derselben in eine andere Stelle oder in den Ruhestand. Bearbeitet von Dr. **Paul Herz,** Senatspräsident am Reichsmilitärgericht. Dritte Auflage. 4 M.

   Militär-**Strafgesetzbuch** s. RG. Nr. 67.

4. **Handelsgesetzbuch vom 10. Mai 1897** unter Ausschluß des Seerechts. Mit den ergänzenden Vorschriften des Bürgerlichen Gesetzbuchs und Erläuterungen herausgegeben von **F. Litthauer,** Justizrath. Zwölfte Auflage. 2 M. 80 Pf.

5. Allgemeine Deutsche **Wechselordnung.** Achte Auflage von Justizrath Dr. **J. Stranz** und Rechtsanwalt Dr. **M. Stranz,** und das Reichsgesetz über die **Wechselstempelsteuer.** Von Regierungsrath **P. Loeck.** Siebente Auflage. 3 M.

6. **Gewerbeordnung** für das Deutsche Reich nebst allen Ausführungsbestimmungen. Ursprünglich herausgegeben von **T. Ph. Berger** und Dr. **L. Wilhelmi.** Sechszehnte Auflage bearbeitet von Oberverwaltungsgerichtsrath **H. Spangenberg.** 3 M.

7. Die deutsche **Post- und Telegraphen-Gesetzgebung.** Nebst dem Weltpostvertrag und dem internationalen Telegraphenvertrag. Von Wirkl. Geh. Rath Dr. **Fischer.** Fünfte Auflage bearbeitet von Geh. Postrath Dr. **M. König.** 3 M.

8. Die Reichsgesetze über den **Unterstützungswohnsitz** in der Fassung der Novelle vom 12. März 1894, **die Freizügigkeit, den Erwerb und Verlust der Bundes- und Staatsangehörigkeit,** nebst allen landesgesetzlichen Bestimmungen. Von Geheimrath Dr. **J. Krech,** Mitglied des Bundesamtes für das Heimathwesen. Fünfte Auflage. 2 M. 70 Pf.

9a. Sammlung **kleinerer privatrechtlicher Reichsgesetze.** Von **F. Vierhaus.** Zweite Auflage in Vorbereitung.

9. Sammlung **kleinerer strafrechtlicher Reichsgesetze.** Mit den Entscheidungen des Reichsgerichts bearbeitet von **M. Werner,** Geh. Ober-Regierungsrath. Zweite Auflage. 3 M.

Inhalt: Inhaberpapiere — Presse — Personenstand — Urheberrechtsgesetzgebung — Rinderpest — Nahrungs- und Genußmittel — Sprengstoff — Feingehalt von Gold- und Silberwaaren — Patentgesetz — Handfeuerwaffen — Gebrauchsmusterschutz — Militärische Geheimnisse — Waarenbezeichnung — unlauterer Wettbewerb — Auswanderung — Margarine — Wein — Sklavenraub — Fleischbeschau — Reichsseuchengesetz — Süßstoff — Reichskassenscheine.

10. Das **Reichsbeamtengesetz** vom 31. März 1873 und seine Ergänzungen. Erläutert von **J. Pieper,** Geh. Ober-Regierungsrath. Zweite Auflage. 4 M. 50 Pf.

11. **Civilprozeßordnung mit Gerichtsverfassungsgesetz** und den Einführungsgesetzen. Unter besonderer Berücksichtigung der Entscheidungen des Reichsgerichts herausgegeben mit Anmerkungen von **R. Sydow,** Unterstaatssekretär und **L. Busch,** Kammergerichtsrath. Neunte Auflage. 8°. 5 M.

Dieser Band ist in größerem Format erschienen!

12. **Strafprozeßordnung und Gerichtsverfassungsgesetz** nebst dem Gesetz, betreffend die Entschädigung der im Wiederaufnahmeverfahren freigesprochenen Personen. Von **A. Hellweg,** Reichsgerichtsrath. Zwölfte Auflage. 2 M.

13. **Konkursordnung und Anfechtungsgesetz.** Unter besonderer Berücksichtigung der Entscheidungen des Reichsgerichts herausgegeben mit Anmerkungen von **R. Sydow** u. **L. Busch.** Neunte Auflage. 2 M. 25 Pf.

14. **Gerichtsverfassungsgesetz** mit Einführungsgesetz, Nebengesetzen und Ergänzungen. Herausgegeben von **R. Sydow** u. **L. Busch.** Neunte Auflage in Vorbereitung.

15. Das **Deutsche Gerichtskostengesetz** nebst den Gebührenordnungen für Gerichtsvollzieher, Zeugen und Sachverständige. Herausgegeben mit Anmerkungen und Kostentabellen von **R. Sydow** u. **L. Busch.** Siebente Auflage. 1 M. 80 Pf.

16. **Rechtsanwaltsordnung.** Von **R. Sydow.** Vierte Auflage von Dr. **E. Mosler.** 1 M. 20 Pf.

17. Die **Deutsche Gebührenordnung für Rechtsanwälte und das Preußische Gebührengesetz** vom 27. September/6. Oktober 1899. Von **R. Sydow** und **L. Busch.** Siebente Auflage. 1 M. 60 Pf.

18. **Reichsstempelgesetz (Börsensteuergesetz)** v. 14. Juni 1900, mit den Ausführungsbestimmungen, einem Auszug aus den Gesetzes-Materialien und den Entscheidungen der Verwaltungsbehörden und des Reichsgerichts. Achte Auflage von **P. Loeck,** Regierungsrath. 3 M. 30 Pf.

19. Die **Seegesetzgebung.** Nebst den Entscheidungen des Reichsoberhandelsgerichts, des Reichsgerichts und der Seeämter. Von Dr. **W. E. Knitschky.** Dritte Auflage bearbeitet von Oberlandesgerichtsrath **Otto Rudorff** in Hamburg. 4 M. 50 Pf.

20. **Krankenversicherungsgesetz.** Von weil. Dr. **E. von Woedtke,** Direktor im Reichsamte des Innern. Zehnte Auflage bearbeitet von Dr. **G. Eucken-Addenhausen,** Geh. Reg.-Rath und vortr. Rat im Reichsamte des Innern. 3 M. 50 Pf.

21. Die **Konsulargesetzgebung.** Von Professor Dr. **Ph. Zorn.** Zweite Auflage. 3 M.

22a. **Patentgesetz.** Nebst Ausführungsbestimmungen, völkerrechtlichen Verträgen und der Patentanwalts-Ordnung unter eingehender Berücksichtigung der Rechtsprechung des Reichsgerichts und der Praxis des Patentamts. Erläutert von Prof. Dr. **R. Stephan,** Geh. Reg.-Rath, Mitglied des Kaiserlichen Patentamts. Sechste Auflage. 2 M.

22b. Gesetz zum **Schutz der Waarenbezeichnungen.** Nebst Ausführungsbestimmungen. Von Dr. **R. Stephan,** Geh. Reg.-Rath, Mitglied des Kaiserlichen Patentamts. Vierte Auflage. 1 M.

23. **Gewerbe-Unfallversicherungsgesetz** und Gesetz, betr. die Abänderung der Unfallversicherungsgesetze vom 30. Juni 1900 nebst Ausführungsverordnungen. Von Dr. **E. v. Woedtke,** Präsident des Kaiserl. Aufsichtsamts für Privatversicherung. Achte Auflage. 2 M. 50 Pf.

24. **Aktiengesellschaft und Kommanditgesellschaften auf Aktien.** (Handelsgesetzbuch, II. Buch, Abschnitt 3

und 4.) Mit Anmerkungen von **H. Keyssner,** Kammergerichtsrath und Dr. **H. Veit Simon,** Rechtsanwalt. Fünfte Auflage. Bearbeitet von Dr. **Hugo Keyssner** und **L. Keyssner.** 2 M. 25 Pf.

25. Reichsgesetz wegen **Erhebung der Brausteuer** vom 31. Mai 1872 mit Ausführungsvorschriften. Von **E. Bertho,** Regierungsrath. 1885. 1 M. 60 Pf.

26. Die Reichsgesetzgebung über **Münz- und Notenbankwesen,** Papiergeld, Prämienpapiere und Reichsschulden. Von Dr. jur. **R. Koch,** Präsident des Reichsbankdirektoriums. Vierte Auflage. 3 M.

27. Die Gesetzgebung, betr. das **Gesundheitswesen** im Deutschen Reich für Behörden, Aerzte 2c. Von Dr. jur. **C. Goesch** und Dr. med. **J. Karsten.** 1888. 1 M. 60 Pf.

28. **Bau-Unfallversicherungsgesetz.** Vom 30. Juni 1900. Von **R. Chrzescinski,** Kaiserl. Regierungsrath. Dritte Auflage. 2 M.

29. Reichsgesetz, betr. die **Erwerbs- und Wirthschaftsgenossenschaften.** Von **L. Parisius** und Dr. **H. Crüger.** Zehnte Auflage bearbeitet von Dr. **H. Crüger.** 1 M. 50 Pf.

30. **Invalidenversicherungsgesetz** vom 13. Juli 1899. Von Dr. **E. v. Woedtke,** Präsident des Kaiserlichen Aufsichtsamts für Privatversicherung. Neunte Auflage. 2 M. 50 Pf.

31. **Gewerbegerichtsgesetz.** Von Stadtrath **L. Mugdan.** Fünfte Auflage bearbeitet von **W. Cuno,** Erstem Bürgermeister zu Hagen i. W. 2 M.

32. Reichsgesetz, betr. die **Gesellschaften mit beschränkter Haftung.** Von **L. Parisius** und Dr. **H. Crüger.** Siebente Auflage. 1 M. 25 Pf.

33. Das **Vereins- und Versammlungsrecht** in Deutschland. Von Dr. **E. Ball,** Rechtsanwalt. 2 M. 25 Pf.

34. Reichsgesetz, betreffend die **Abzahlungsgeschäfte.** Vom 16. Mai 1894. Von **J. Hoffmann.** Zweite vermehrte Auflage besorgt von Dr. **E. Wilke,** Landgerichtsrath. 1 M. 20 Pf.

35. Die **Reichs-Eisenbahngesetzgebung.** Von **W. Coermann,** Kaiserl. Amtsrichter. 1895. 2 M. 25 Pf.

36. Gesetze, betr. die **privatrechtlichen Verhältnisse der Binnenschifffahrt und der Flößerei.** Erläutert von **H. Makower.** Dritte Auflage bearbeitet von **E. Löwe,** Landgerichtsrath. 3 M.

37. Gesetz zur **Bekämpfung des unlauteren Wettbewerbes.** Vom 27. Mai 1896. Von Dr. **R. Stephan,** Geh. Regierungsrath. Dritte Auflage. 1 M.

38/39. **Bürgerliches Gesetzbuch nebst Einführungsgesetz.** Nach dem Tode des ursprünglichen Herausgebers Reichsgerichtsraths a. D. Dr. **A. Achilles** in Verbindung mit Professor Dr. **André,** Landrichter

Ritgen, Landrichter **Strecker,** Ober-Regierungsrath Dr. **Unzner** herausgegeben von Geh. Ober-Justizrath **Greiff.** Vierte Auflage. 8°. 6 M. 50 Pf.
Dieser Band ist in größerem Format erschienen!

40. Gesetz, betr. die **Pflichten der Kaufleute bei Aufbewahrung fremder Werthpapiere (Depotgesetz).** Mit Erläuterungen. Von **F. Lusensky,** Geh. Regierungsrath. 90 Pf.

41. **Börsengesetz.** Vom 22. Juni 1896. Nebst Ausführungsbestimmungen. Unter Mitwirkung des Direktors im Reichsamt des Innern **A. Wermuth** bearbeitet von Regierungsrath **H. Brendel.** 1 M. 50 Pf.

42. **Grundbuchordnung** nebst den preußischen Ausführungsbestimmungen. Mit Einleitung. Von Professor Dr. **O. Fischer.** Dritte Auflage. 2 M. 25 Pf.

43. Die Gesetzgebung, betr. die **Zwangsvollstreckung in das unbewegliche Vermögen** im Reiche und in Preußen. Mit Einleitung, Kosten- und Gebührentabellen. Von Dr. **J. Krech,** Kaiserl. Geh. Regierungsrath und Professor Dr. **O. Fischer.** Vierte Auflage. 2 M.

44. Das Reichsgesetz über das **Auswanderungswesen** vom 9. Juni 1897 nebst Ausführungsverordnungen und Anlagen. Unter Benutzung amtlicher Quellen. Von Professor Dr. **Felix Stoerk.** 2 M. 25 Pf.

45. Das **Entmündigungsrecht** unter Berücksichtigung der für Preußen geltenden Vorschriften nebst der preußischen Justiz-Ministerial-Verfügung vom 28. November 1899. Text der civil- und prozeßrechtlichen Bestimmungen mit Erläuterungen von Landgerichtsrath Dr. **P. Koll** in Cöln. 1 M. 50 Pf.

46. Die Gesetze des Reiches und Preußens über die **freiwillige Gerichtsbarkeit.** Mit Einleitung von **Herm. Jastrow,** Amtsgerichtsrath. Dritte Auflage. 3 M.

47. Das **deutsche Vormundschaftsrecht** und das preuß. Gesetz über die Fürsorgeerziehung Minderjähriger nebst den dazu gehörigen preußischen Nebengesetzen. Mit Einleitung und Erläuterungen von **Max Schultzenstein,** Oberverwaltungsgerichtsrath und Amtsgerichtsrath Dr. **Paul Köhne.** Zweite Auflage 3 M.

48. Gesetze und Verordnungen, betr. den **Drogen-, Gift- und Farbenhandel** außerhalb der Apotheken. Von Dr. **Broh,** Rechtsanwalt. 1 M. 25 Pf.

49. Deutsche **Kolonialgesetzgebung.** Von Professor Dr. **Philipp Zorn.** 4 M. 50 Pf.

50. Der **Viehkauf** (Viehgewährschaft) nach dem Bürgerlichen Gesetzbuche. Mit Erläuterungen von Rechtsanwalt Dr. **H. Stölzle.** Nebst Verordn. betr. die Hauptmängel und Gewährsfristen beim Viehhandel. Von **H. Weiskopf,** Königl. Kreisthierarzt in Augsburg. Dritte Auflage. 3 M.

51. **Hypothekenbankgesetz** vom 13. Juli 1899. Von Dr. **H. Göppert,** Gerichts-Assessor. 1 M. 80 Pf.

52. Gesetz, betreffend die gemeinsamen **Rechte der Besitzer von Schuldverschreibungen.** Von Dr. **Heinrich Göppert,** Gerichts-Assessor. 2 M.

53. **Reichspreßgesetz** vom 7. Mai 1874 nebst den einschlägigen Bestimmungen des Strafgesetzbuchs, der Gewerbeordnung rc. Kommentar von **A. Born,** Polizeiassessor. 1 M. 50 Pf.

54. Die Reichsgesetzgebung über den Verkehr mit **Nahrungsmitteln, Genußmitteln** und **Gebrauchsgegenständen.** Von Dr. **Georg Lebbin,** Nahrungsmittelchemiker. 2 M. 25 Pf.

55. Das Recht der **Beschlagnahme von Lohn- und Gehaltsforderungen.** Auf Grundlage der Reichsgesetze vom 21. Juni 1869 u. 29. März 1897 und der Civilprozeßordnung. Von Rechtsanwalt **Georg Meyer.** 1 M. 50 Pf.

56. Gesetz, betr. die **Bekämpfung gemeingefährlicher Krankheiten.** Nebst Ausführungsbestimmungen. Von Dr. **Bruno Burkhardt,** Regierungsrath, Mitglied des Kais. Gesundheitsamts. 1 M. 40 Pf.

57. **See-Unfallversicherungsgesetz.** Von **Dr. Max Mittelstein,** Oberlandesgerichtsrath in Hamburg. 2 M.

58. **Das Recht der unehelichen Kinder.** Ausgabe aller einschlägigen Bestimmungen des B.G.B. Von **Hermann Jastrow,** Amtsgerichtsrath. 1 M. 80 Pf.

59. Reichsgesetz über die **Beurkundung des Personenstandes und die Eheschließung.** Von Dr. **F. Fidler,** Amtsgerichtsrath. 1 M. 80 Pf.

60. Gesetz, betreffend das **Urheberrecht an Werken der Litteratur und der Tonkunst.** Von Gerichtsassessor **Otto Lindemann.** 1 M. 50 Pf.

61. Gesetz über das **Verlagsrecht.** Von Justizrath **Ernst Heinitz.** 1 M. 50 Pf.

62. Gesetz über die **privaten Versicherungsunternehmungen.** Von **H. Könige,** Ob.-Landsger.-Rath. 3 M.

63. **Gesetzestafel des Deutschen Reichsrechts.** Systematisch geordnete Nachweisung des z. Z. geltenden Reichsrechts. Ergänzungsband zu der Guttentag'schen Sammlung Deutscher Reichsgesetze. Von **Hugo Bruhns,** Syndikus. 2 M. 50 Pf.

64. Gesetzsammlung betr. den **Handel mit Drogen und Giften.** Reichsgesetzl. Bestimmungen und Anhang mit den landesgesetzl. Verordnungen sämmtlicher Bundesstaaten. Von Rechtsanwalt **H. Sonnenfeld,** Syndikus der Berliner Drogisten-Innung. 3 M.

65. Das **Weingesetz** vom 24. Mai 1901. Mit Ausführungsbestimmungen erläutert von Dr. **Georg Lebbin,** Handels- und Gerichtschemiker zu Berlin. 1 M. 50 Pf.

66. Die **Eisenbahn-Gesetzgebung.** Von **W. Pietsch,** Geh. exp. Sekretär im Reichs-Eisenbahn-Amt. 5 M.

67. **Militär-Strafgesetzbuch.** Mit den Entscheidungen des Reichs-Militärgerichts von Dr. **Paul Herz,** Senats-Präsident am Reichs-Militärgericht und Kriegsgerichtsrath Dr. **Georg Ernst.** 3 M.

68. Das **Fleischbeschaugesetz.** Vom 3. Juni 1900. Mit Ausführungsges. u. Verordnungen im Reiche und in Preußen. Von Dr. **Georg Lebbin,** Gerichtschemiker und Rechtsanwalt Dr. **Georg Baum.** 4 M.

69. Reichsgesetz über die **Naturalleistungen der bewaffneten Macht im Frieden** nebst den zugehörigen in Preußen geltenden Bestimmungen. Von Regierungsassessor Dr. **Walter v. Hippel.** 1 M. 25 Pf.

70. Das **Reichs-Haftpflichtgesetz,** betr. die Verbindlichkeit zum Schadensersatz für die bei dem Betriebe von Eisenbahnen, Bergwerken, Steinbrüchen, Gräbereien und Fabriken herbeigeführten Tödtungen und Körperverletzungen, vom 7. Juni 1871. Von Regierungsrath Dr. **G. Eger.** Preis 3 M.

71. **Kinderarbeit in gewerblichen Betrieben,** v. 30. März 1903. Nebst der Preuß. Ausführ.-Anw. v. 30. Nov. u. d. Bek. des Reichskanzlers v. 17. Dez. 1903. Von **H. Spangenberg,** Oberverwaltungsgerichtsrath. Zweite vermehrte Auflage. 1 M. 60 Pf.

72. **Unfallversicherungsgesetz für Land- und Forstwirtschaft** vom wirkl. Geh. Rat Dr. **E. von Woedtke,** fortgesetzt von Dr. **Alfred Radtke,** Geh. Regierungsrat und Senatspräs. im Reichsversicherungsamt. Im Druck.
73. **Entschädigung für unschuldig erlittene Verhaftung und Bestrafung.** Nebst Anhang, enth. die dazu gehörigen Nebengesetze über Schadensersatz. Von Dr. jur. **A. Romen,** Geh. Kriegsrat und vortr. Rat im Kriegsministerium. 2 M.
74. Die **Kaufmannsgerichte.** Von Dr. **Max Apt,** Syndikus der Korporation der Berliner Kaufmannschaft. 1 M. 50 Pf.

Guttentag'sche Sammlung
Preußischer Gesetze.

Text-Ausgaben mit Anmerkungen. Taschenformat.

1. Die **Verfassungs-Urkunde** für den Preußischen Staat. Mit Einleitung, vollständigem Kommentar. Von Prof. Dr. **Adolf Arndt.** Fünfte Auflage. 3 M.
2. Preußische **Beamten-Gesetzgebung.** Enthaltend die wichtigsten Beamtengesetze in Preußen. Von **C. Pfafferoth.** Dritte Auflage. 1 M. 50 Pf.
3. **Die Aufnahme des Nottestaments** durch die bestellten besonderen Urkundspersonen. Anweisung vom 15. März 1904. Erläutert mit Musterbeispielen

und einem Abriß des Erbrechts von Amtsgerichtsrath **C. Kurtz.** 1 M. 50 Pf.

4. **Gebührenordnung** für **Notare** vom 25. Juni 1895 nebst den einschlägigen Vorschriften des Preußischen Gerichtskostengesetzes. Von **R. Sydow.** Zweite Auflage bearbeitet von Dr. **E. Mosler,** Gerichtsassessor. 1 M. 50 Pf.

5. Gesetz vom **24. April 1854 (betr. die außereheliche Schwängerung).** Von Dr. **Schulze.** 75 Pf.
   Seit dem 1. Januar 1900 gültiges Recht siehe: Reichsgesetze Nr. 58.

6. Die Preuß. **Ausführungsgesetze und Verordnungen zu den Reichs-Justizgesetzen.** Von **R. Sydow.** Dritte vermehrte Auflage. 1895. 2 M. 40 Pf.
   Siehe Seite 21, **Busch, Ausführungsgesetze.**

7. **Allg. Gerichtsordnung** vom 6. Juli 1793 und Preuß. **Konkursordnung** vom 8. Mai 1885. Von **F. Vierhaus,** Geh. Ober-Justizrath. Vergriffen.

8. **Vormundschaftsordnung.** Von **F. Schultzenstein.** Gültiges Recht siehe: Reichsgesetze Nr. 47.

9. Die Preußische **Grundbuchgesetzgebung.** Von Prof. Dr. **Fischer.** Vergriffen. Siehe: Reichsgesetze Nr. 42.

10. **Einkommensteuergesetz.** Von **A. Fernow,** Geh. Finanzrath. Fünfte Auflage. 2 M. 50 Pf.

11. **Gewerbesteuergesetz.** Von **A. Fernow,** Geh. Finanzrath. Dritte Auflage. 1 M. 25 Pf.

12. **Allgemeines Berggesetz** für die preußischen Staaten und die auf dasselbe bezüglichen Gesetze und Verordnungen. Von **E. Engels.** Dritte Auflage. In Vorbereitung.

13. **Ergänzungssteuergesetz** (Vermögenssteuergesetz). Von **A. Fernow,** Geh. Finanzrath. Dritte vermehrte Auflage. 1 M. 50 Pf.

14. **Kommunalabgabengesetz.** Vom 14. Juli 1893 und Gesetz wegen Aufhebung direkter Staatssteuern. Von Dr. **F. Adickes,** Oberbürgermeister. Dritte Auflage. 1 M. 50 Pf.

15. Die **Kreisordnungen** für den Preußischen Staat. Von **O. Kolisch,** Landgerichtsrath. 1894. 4. M.

16. **Concessionirung gewerblicher Anlagen.** Preuß. Ausführungs-Anweisung zu §§. 16 u. ff. der Gewerbe-Ordnung. Von Dr. **W. v. Rüdiger,** Geh. Regierungs- u. Gewerberath. Zweite Auflage. 2 M.

17. Preußisches **Gerichtskostengesetz.** Mit Kostentabellen. Von Dr. **P. Siméon,** Landrichter. Vierte Auflage. 2 M. 25 Pf.

18. Preußisches **Stempelsteuergesetz** vom 31. Juli 1895. Mit den gesammten Ausführungsbestimmungen und vollständigen Tabellen. Von **P. Loeck,** Regierungsrath. Fünfte Auflage. 5 M.

Dieser Band ist in größerem Format erschienen.

19. Das **Jagdscheingesetz.** Mit ausführlichen Erläuterungen nebst der Ausführungsverfügung. Von **F. Kunze,** Wirklichem Geh. Ober-Regierungsrath. Zweite Auflage. 2 M.

20. Gesetz, betr. die **Erbschaftssteuer.** Unter Berücksichtigung der Novelle vom 31. Juli 1895. Von Regierungsrath **P. Loeck.** 1 M. 80 Pf.

21. Gesetz über die **Handelskammern.** Vom 19. August 1897. Mit Erläuterungen von **F. Lusensky,** Geh. Regierungsrath. 3 M.

22. Gesetz, betr. **Anstellung und Versorgung der Kommunalbeamten.** Mit Ausführungsanweisung. Von Dr. **W. Ledermann,** Magistratsassessor zu Berlin. 1 M. 25 Pf.

23. **Ausführungsgesetz zum Bürgerlichen Gesetzbuche.** Von Landrichter Dr. **P. Siméon.** 1 M. 60 Pf.

24. Die **Hinterlegungsordnung** in der Fassung des Ausführungsgesetzes z. B.G.B. v. 20. Sept. 1899 nebst Ausführungsbestimmungen. Von Regierungsassessor Dr. **Georg Bartels.** 1 M. 50 Pf.

25. **Preußische Kommunalbeamtengesetzgebung.** Von Magistratsassessor Dr. **Fr. Kremski,** Berlin. 3 M.

26. Die Preußischen Gesetze über das **Diensteinkommen der Lehrer und Lehrerinnen, ihren Ruhegehalt und die Fürsorge für ihre Hinterbliebenen,** sowie einer Tabelle zur Berechnung der Ruhegehalts-, Wittwen- und Waisenbezüge. Von Dr. **Ed. Cremer,** Beigeordneter. 2 M. 40 Pf.

27. Gesetz, betreffend die **Waarenhaussteuer.** Von Geh. Ober-Finanzrath Dr. **G. Strutz.** 1 M. 20 Pf.

28. Gesetz über die **Fürsorgeerziehung Minderjähriger.** Nebst Ausführungsanweisungen. Von Landgerichtsrath Dr. **P. F. Aschrott.** 2 M. 80 Pf.

29. Gesetz, betr. **die ärztlichen Ehrengerichte, das Umlagerecht und die Kassen der Aerztekammern.** Von Amtsgerichtsrath Dr. **Fidler.** 1 M. 50 Pf.

30. Die das **Preußische Staatsschuldbuch** und **Reichsschuldbuch** betr. Gesetze nebst Ausführungsbestimmungen. Von Wirkl. Geh. Ober-Finanzrath **J. Mücke,** Mitglied der Staatsschuldenverwaltung. 2 M.

31 a. **Die geltenden Preußischen Gesindeordnungen.** Herausgegeben in zwei Bänden von **Stephan Gerhard,** Rechtsanwalt in Berlin.

Band I: Gesindeordnung für die altpreußischen Provinzen vom 8. XI. 1810, mit Erläuterungen unter Berücksichtigung der Ergänzungsgesetze und der Rechtsverhältnisse der Gesindevermiether, sowie die Gesindeordnung für Neuvorpommern und Rügen und für die Rheinprovinz. 2 M. 50 Pf.

31 b. **Band II:** Gesindeordnungen für Hannover, Schleswig-Holstein, Hessen-Nassau und den Regierungsbezirk Hohenzollern. 2 M. 50 Pf.

32. **Die Städteordnung für die sechs östlichen Provinzen** Preußens vom 30. Mai 1853 nebst ihren gesetzlichen

Ergänzungen. Von **Dr. jur. Walter Ledermann,** Magistrats-Assessor zu Berlin. 6 M.

Dieser Band ist in größerem Format erschienen!

33. **Rentenguts- und Anerbenrechts-Gesetzgebung in Preußen.** Von Landgerichtsrath **M. Peltasohn** und Rechtsanwalt **Bruno Peltasohn.** 3 M.

34. Sammlung der wichtigsten **Preußischen Strafgesetze** nebst Anhang: Gesetz betr. polizeiliche Strafverfügungen vom 23. April 1883. Von **Otto Lindemann,** Amtsrichter. 2 M. 50 Pf.

   Inhalt: Mobiliar-Feuerversicherung — Chausseegeld — Jagdpolizei — Jagdschein — Wild-Schonzeit — Fischerei — Versammlungs- u. Vereinigungsrecht — Belagerungszustand — Gesindedienstpflichten — Mineraliengewinnung und -Aneignung — Schlachthäuser — Dampfkesselbetrieb — Wandergewerbebetrieb — Reblausverbreitung — Forstdiebstahl — Wald- u. Wassergenossenschaften — Feld- u. Forstpolizei — Lotteriespiel — Verkehrsabgaben — Landestrauer.

35. **Geschäftsordnung für Gerichtsvollzieher.** Gerichtsvollzieherordnung und Gebührensätze von Amtsgerichtssekretär a. D. **Emil Exner.** 3 M. 50 Pf.

36. Die Gesetzgebung über **Polizeiverordnungen in Preußen** von **Otto Lindemann,** Amtsrichter in Köslin. 1 M. 50 Pf.

Guttentag'sche Sammlung von Text-Ausgaben mit Sachregister ohne Anmerkungen.

Taschenformat, elegant in Leinen gebunden.

Reichs-Justizgesetze:

Gerichtsverfassungsgesetz. Civilprozeßordnung. Konkursordnung. Strafprozeßordnung.

Zweite Auflage.

In einem Bande gebunden 3 M. 80 Pf.

Civilprozeßordnung mit **Gerichtsverfassungsgesetz** und **Einführungsgesetzen.** 2 M.

Konkursordnung mit **Einführungsgesetz.** 80 Pf.

Strafprozeßordnung nebst **Einführungsgesetz.** 1 M. 20 Pf.

Bürgerliches Gesetzbuch nebst **Einführungsgesetz.** Zehnter Abdruck. 2 M. 50 Pf.

Handelsgesetzbuch nebst **Einführungsgesetz u. Seerecht.** Siebenter Abdruck. 1 M. 80 Pf.

Gewerbeordnung für das Deutsche Reich. Zweite Auflage. 1 M. 20 Pf.

Militär-Strafgesetzbuch mit Abdruck der angezogenen Bestimmungen des Reichs-Strafgesetzbuchs. 1 M.

Guttentag'sche Sammlung von Text-Ausgaben mit Sachregister **ohne** Anmerkungen.

Militärstrafgerichtsordnung für das Deutsche Reich, nebst **Einführungsgesetz** und Gesetz, betr. die Dienstvergehen der richterlichen Militärjustizbeamten und die unfreiwillige Versetzung derselben in eine andere Stelle oder in den Ruhestand. **Militär-Strafgesetzbuch** mit Abdruck der entsprechenden Bestimmungen des Reichs-Strafgesetzbuchs. Zweite Auflage. 1 M. 50 Pf.

Reichsstempelgesetz (Börsensteuergesetz). Mit Tabellen zur Berechnung der Reichsstempelabgaben. 1 M. 50 Pf.

Bürgerliches Gesetzbuch nebst Einführungsgesetz unter Einfügung der preußischen Ausführungsbestimmungen bearbeitet von Dr. **Paul Winter,** Landrichter. Zweite Ausgabe. 8°. Geb. Preis 3 M.

Handbuch des Testamentsrechts

mit zahlreichen Beispielen und Formularen.

Dargestellt von **Heinrich Peiser,** Landgerichtsrat in Danzig. gr. 8°. Preis 8 M., geb. in ganz Leinen 9 M.

Das Bürgerliche Recht Deutschlands mit Einschluß des Handelsrechts historisch und dogmatisch dargestellt von **A. Engelmann,** Oberlandesgerichtsrat. Zweite durchgearbeitete Auflage. gr. 8°. Preis 14 M., geb. in Leinen 15 M.

Wie leitet man eine Versammlung? Geschäftlicher Handweiser für Vorsitzende. Von einem Mitgliede des Deutschen Reichstags und des Preußischen Abgeordnetenhauses. kl. 8°. Preis in elegantem Einbande 1 M.

Ein nützliches und notwendiges Büchlein.

Holtgreven, Dr. A., Präsident des Oberlandesgerichts in Hamm und Dr. **Th. Wolff,** Oberlandesgerichtsrath. Das Wildschadengesetz vom 11. Juli 1891. Kommentar. Vierte Auflage. 8°. Geb. 4 M. 50 Pf.

Arndt, Dr. Adolf, Professor. Verfassung des Deutschen Reichs. Mit Einleitung und Kommentar. Zweite Auflage. 8°. Geb. 4 M. 50 Pf.

Behrens, Paul, Handbuch für Vereine bei Aufstellung, Berathung und Aenderung der Vereins-Satzungen. 8°. Preis geb. 1 M.

Born, A., Polizei-Assessor in Königsberg i. Pr. Das preußische Baupolizeirecht nebst den einschlägigen Bestimmungen des Ansiedelungs-, Feld- und Forstpolizei-, Waldschutz- und Deichgesetzes, sowie dem Fluchtlinien-, Rayongesetz und dem Gesetz über die Zulässigkeit des Rechtsweges gegen polizeiliche Verfügungen. Kommentar. gr. 8°. Preis 10 M., geb. 11 M.

Delius, Dr. jur. H., Landgerichtsrath. Die Haftpflicht der Beamten. 8°. Preis geb. 2 M.

Delius, Dr. jur. H., Landgerichtsrath. Die Rechtsverhältnisse der geschlossenen Gesellschaften und Vereine nach Preußischem Recht unter besonderer Berücksichtigung der Befugnisse der Polizeibehörden. 8°. Preis in Leinenband 1 M. 60 Pf.

Das Gesetz betreffend die Anlegung und Veränderung von Straßen und Plätzen in Städten und ländlichen Ortschaften vom 2. Juli 1875. Des Kommentars von weil. Oberverwaltungsgerichtsrath **R. Friedrichs** fünfte völlig neubearbeitete Auflage bearbeitet von Dr. jur. **Hugo v. Strauß und Torney,** Senatspräsident am Oberverwaltungsgericht. 8⁰. Geb. Im Druck.

Ottermann, Carl, Stadtrath in Dortmund. Das Fluchtliniengesetz vom 2. Juli 1875. Erläuternde Abhandlung. 8⁰. 1 M. 25 Pf.

Könige, H., Oberlandesgerichtsrath. Handelsgesetzbuch vom 10. Mai 1897 nebst Abdruck des Gesetzes über die Angelegenheiten der freiwilligen Gerichtsbarkeit und Gerichtsverfassungsgesetz (Titel 7, Kammern für Handelssachen). 8⁰. Geb. in ganz Leinen 4 M. 50 Pf.

Telegraphenwege-Gesetz vom 18. Dezember 1899 nebst den vom Reichskanzler erlassenen Ausführungsbestimmungen vom 26. Januar 1900 und den Erläuterungen und Ausführungsanweisungen des Reichs-Postamts. Amtliche Ausgabe. 8⁰. Geb. in ganz Leinen 1 M.

Wilhelmi, Dr. L., Das Handwerkergesetz vom 26. Juli 1897. Mit Einleitung und Bemerkungen unter besonderer Berücksichtigung der Ausführungs-Anweisungen der größeren Bundesstaaten. Geb. in ganz Leinen 6 M.

Schlagwort-Register.

R. = Nummer der Sammlung Deutscher Reichsgesetze.
P. = Nummer der Sammlung Preußischer Gesetze.
S. = Seite.

Abänderung der Gewerbeordnung S. 20, R. 6.
Abzahlungsgeschäfte R. 34.
Aerztekammern P. 29.
Aerztl. Ehrengerichte P. 29.
Aktienrecht R. 24.
Altersversicherungsges. R. 30.
Anerbenrechtsgesetz P. 33.
Anfechtungsgesetz R. 13.
Ansiedelungsgesetz S. 24.
Anstellung der Kommunalbeamten P. 22.
Arbeiterschutzgesetz R. 6.
Arbeiterversicherungsgesetze R. 20, 23, 28, 30, 57.
Arzneimittel R. 6, 64.
Ausführungsgesetze z. BGB. P. 23, S. 21.
Ausführungsgesetze zu den Reichsjustizgesetzen P. 6, S. 22.
Auswanderungsgesetz R. 9, 44.

Bankgesetz R. 26.
Baufluchtengesetz S. 24, 25.
Bauunfallversicherungsgesetz R. 28.
Baupolizeirecht S. 23.
Beamtengesetze R. 10, P. 2, S. 24
Bekämpfung gemeingefährlicher Krankheiten R. 56.
Belagerungszustand P. 34.
Berggesetz P. 12.
Beschlagnahme von Lohn- und Gehaltsforderungen R. 55.
Beurkundung des Personenstandes R. 59.
Binnenschiffahrtsgesetz R. 36.
Blei- u. zinkhaltige Gegenst. R. 9.
Börsengesetz R. 41.
Börsensteuergesetz R. 18, S. 21.
Brausteuererhebung R. 25.
Bundes- und Staatsangehörigkeit R. 8.
Bürgerliche Gesetzsammlung für Preußen S. 22.
Bürgerliches Gesetzbuch R. 38/39, S. 20, 21.
Bürgerliches Rechts-Lexikon S. 22.
Bürgerliches Recht S. 21, 25.

Civilprozeßordnung R. 11, S. 20.
Chausseegeld P. 34.

Schlagwort-Register. (R. = Reichsgesetz, P. = preuß. Gesetz.)

Dampfkesselbetrieb R. 6, P. 34.
Deichgesetz S. 24
Depotgesetz R. 40.
Diensteinkommen der Lehrer und Lehrerinnen P. 26.
Drogenhandel außerhalb der Apotheken R. 48, 64.

Eheschließungsgesetz R. 59.
Einkommensteuergesetz P. 10.
Eisenbahngesetzgebung R. 66, 35.
Elektrizitäts-Diebstahl R. 2.
Entmündigungsgesetz R. 45.
Entschädigung der im Wiederaufnahmeverfahren freigesprochenen Personen R. 12.
Entschädigung für unschuldige Verhaftung und Bestrafung R. 73.
Entziehung elektr. Arbeit R. 2.
Erbschaftssteuergesetz P. 20.
Ergänzungssteuergesetz P. 13.
Erwerbs- und Wirthschaftsgenossenschaften R. 29.

Farbenhandel außerhalb der Apotheken R. 48.
Farbengesetz R. 9, 48.
Feingehalt der Gold- und Silberwaren R. 9.
Feld- u. Forstpolizeiges. S. 24, P. 34.
Feuerversicherung P. 34.
Fischereigesetz P. 34.
Fleischbeschauges. R. 9, 54, 68.
Flößereigesetz R. 36.
Fluchtliniengesetz S. 24.
Forstdiebstahl P. 34.
Freiwillige Gerichtsbarkeit R. 46, S. 25.
Freizügigkeit R. 8.
Fürsorgeerziehung Minderjähriger R. 47, P. 28.

Gast- u. Schankwirthschaftsgehilfen R. 6.
Gebrauchsgegenstände, Gesetz über den Verkehr damit R. 9, 54.
Gebrauchsmusterschutzgesetz R. 9.
Gebührengesetz, Preußisches, für Rechtsanwälte und Gerichtsvollzieher R. 17.
Gebührenordnung für Gerichtsvollzieher R. 15.
Gebührenordnung für Notare P. 4.
Gebührenordnung für Rechtsanwälte R. 17.
Gebührenordnung für Zeugen und Sachverständige R. 15.
Gehaltsforderungen, Beschlagnahme von R. 55.
Genehmigung gewerblicher Anlagen P. 16.
Genossenschaftsgesetz R. 29.
Genußmittel, Verkehr damit R. 9, 54.

Gerichtsbarkeit, freiwillige R. 46, S. 25.
Gerichtskostengesetz, Deutsches R. 15.
Gerichtskostengesetz Preußisches P. 17.
Gerichtsordnung, Preuß. P. 7.
Gerichtsverfassungsgesetz R. 14, 12, S. 20.
Gerichtsvollzieher-Gebührenordnung R. 15.
Geschäftsordnung für Gerichtsvollzieher P. 35.
Gesellschaften, geschlossene S. 24.
Gesellschaften mit beschränkter Haftung R. 32.
Gesetzbuch, Bürgerliches R. 38/39, S. 20, 22.
Gesetzestafel des Deutschen Reichsrechts R. 63.
Gesetz-Sammlung, Preuß. S. 23.
Gesindedienstpflichten P. 34.
Gesindeordnungen, Preußische P. 31a, 31b.
Gesundheitswesen R. 27.
Gewerbebetrieb im Umherziehen R. 6, P. 34.
Gewerbegerichte R. 31.
Gewerbeordnung R. 6, S. 20, 24.
Gewerbe-Unfallversicherungsgesetz R. 23.
Gewerbesteuergesetz, Preußisches P. 11.
Gifthandel außerhalb der Apotheken R. 48, 64.
Gold- u. Silberwaaren-Feingehalt R. 9.
Grundbuchordnung R. 42.
Grundbuchgesetzgebung, Preußische P. 9.

Haftpflicht d. Beamten S. 23.
Haftung, Gesellschaften mit beschränkter R. 32.
Handelsgesetzbuch R. 4, S. 20, 24.
Handelskammergesetz P. 21.
Handfeuerwaffen R. 9.
Handwerkergesetz S. 24, R. 6.
Hilfskassen eingeschr. R. 20.
Hinterlegungsordnung P. 24
Hypothekenbankgesetz R. 51

Jagdpolizeigesetz P. 34.
Jagdscheingesetz P. 19, 34.
Inhaberpapiere mit Prämien R. 9.
Invalidenversicherung R. 30.

Kaufmannsgerichte R. 74.
Kiautschou-Gebiet, militär. Strafrechtspflege im R. 3.
Kinder, Recht der unehelichen R. 58.
Kinder, Unterbringung verwahrloster R. 47.
Kinderarbeit, gewerbl. R. 2, 71.
Kinderschutzgesetz R. 71.

Kolonialgesetzgebung R. 49.
Kommunalabgabengesetz P. 14.
Kommunalbeamtengesetz P. 22.
Kommunalbeamtenrecht P. 25, S. 25.
Konkursordnung R. 13, S. 20.
Konkursordnung, Preuß. P. 7.
Konsulargesetzgebung R. 21.
Krahnbauverwaltung P. 34.
Krankenversicherungsgesetz R. 20.
Kreisordnungen P. 15.

Ladenschluß-Novelle S. 21.
Landesgesetze, privatrechtliche S. 23.
Landestrauer P. 34.
Landrecht, Preußisches S. 22.
Lehrergehalts- u. -Pensionsgesetze P. 26.
Lohnforderungen, Beschlagnahme von R. 55.
Lotteriespiel P. 34.

Maaß- u. Gewichtsordnung R. 9a.
Mantelgesetz R. 23.
Margarinegesetz R. 9, 54.
Markenschutzgesetz R. 22b.
Medicinalgesetzgebung R. 27.
Militärische Geheimnisse. Verrath R. 9.
Militärstrafgerichtsordnung R. 3, S. 21.
Militärstrafgesetzbuch R. 67, S. 20.
Minderjährige, Fürsorgeerziehung für R. 47, P. 28.
Mineraliengewinnung und Aneignung P. 34.
Mobiliar-Feuerversich. P. 34.
Modellschutzgesetzgeb. R. 9.
Münzwesen R. 26.
Musterschutzgesetz R. 9, 22a.

Nahrungsmittelgesetze R. 9, 54, 65.
Naturalleistung für die bewaffnete Macht R. 69.
Nebengesetze zum BGB. R. 4, 11, 12, 13, 14, 29, 32, 36, 42, 43, 46, S. 20, 22.
Notare, Gebührenordnung für preußische P. 4.
Notenbankwesen R. 26.
Nottestament P. 3.

Patentgesetz R. 9, 22a.
Personenstandsgesetz R. 9, 59.
Pflichten der Kaufleute bei Aufbewahrung fremder Werthpapiere R. 40.
Photographieschutz R. 9.
Polizeiverordnungen i. Preußen P. 36.
Postgesetze R. 7.
Preßgesetz R. 9, 53.
Preußische Verfassung P. 1.
Privatrechtliche preußische Landesgesetze S. 23.

Privatrechtliche Reichsgesetze R. 9a.

Rayongesetz R. 9a, S. 24.
Reblausgesetz R. 9a, P. 34.
Rechte der Besitzer v. Schuldverschreibungen R. 52.
Rechtsanwalts-Gebührenordnung R. 17.
Rechtanwaltsordnung R. 16.
Rechtslexikon S. 22.
Reichsbeamtengesetz R. 10.
Reichseisenbahngesetzgebung R. 35, 66.
Reichsgewerbeordnung R. 6, S. 21, 24.
Reichsgrundbuchordnung R. 42.
Reichs-Justizgesetze S. 20, R. 11, 12, 13.
Reichs-Justizgesetze, Ausführungsges. dazu S. 22.
Reichskassenscheine R. 9.
Reichsmilitärgesetz R. 9a.
Reichspreßgesetz R. 53.
Reichsschuldbuch P. 30.
Reichsseuchengesetz R. 9, 56.
Reichsstempelges. R. 18, S. 21.
Reichsverfassung R. 1, S. 24.
Rentengutsgesetze P. 33.
Rinderpest R. 9.

Saccharingesetz R. 9, 54.
Schadensersatz b. unschuldiger Verhaftung u. Verurteilung R. 73.
Schlachthäuser P. 34.
Schlachtviehgesetz R. 9, 54, 68.
Schonzeit des Wildes P. 34.
Schuldverschreibungsgesetz R. 52.
Schutztruppen, militär. Strafverfahren R. 3.
Schwängerung, außereheliche R. 58, P. 5.
Seegesetzgebung R. 19.
See-Unfallversicherungsgesetz R. 57.
Seuchengesetz R. 56.
Sklavenhandel R. 9
Sozialpolitische Gesetze R. 20, 23, 28, 30, 57.
Sprengstoffgesetz R. 2, 9.
Staatsangehörigkeit, Erwerb und Verlust R. 8.
Staatsschuldbuch P. 30.
Staatssteuern, Gesetz betr. Aufhebung direkter P. 14.
Städteordnung für die 6 östlichen Provinzen P. 32.
Stempelsteuergesetz f. Preußen P. 18.
Stempelsteuergesetz für das Reich R. 18, S. 21.
Steuergesetze R. 5, 18, 25, P. 10, 11, 13, 14, 18, 20, 27, S. 21, 24.
Strafgesetzbuch R. 2.
Strafgesetze, preuß. P. 34.
Strafprozeßordnung R. 12, S. 20.
Strafrechtliche Reichsgesetze R. 9b.

Straßen- und Baufluchtengesetz S. 24.
Süßstoffe, künstliche R. 9, 54, 64.

Telegraphengesetze R. 7.
Telegraphenwegegesetz S. 24.
Testamentsrecht S. 20, P. 37.

Uneheliche Kinder R. 58.
Unfallversicherungsgesetz R. 23, 28, 72, S. 25.
Unlauterer Wettbewerb R. 37.
Unterbringung verwahrloster Kinder R. 47, P. 28.
Unterstützungswohnsitz R. 8.
Urheberrechtsgesetze R. 9, 60, 22 a.

Vereins- und Versammlungsrecht in Deutschland R. 33, S. 23, 24, P. 34.
Verfälschung von Nahrungsmitteln R. 54.
Verfassung des Deutschen Reichs R. 1, S. 24.
Verfassung des Preußischen Staats P. 1.
Verkezrsabgaben P. 34.
Verlazsrecht R. 61.
Vermigenssteuergesetz P. 13.
Verrah militärischer Geheinnisse R. 2, 9.
Versiderungsunternehmungen, private R. 62.
Versorgung der Kommunalbeamten P. 22.
Verwendung gesundheitsschädlicher Farben R. 54.
Viehkauf (Viehgewährschaft) und Viehhandel R. 50.
Viehseuchengesetz R. 9a.
Vormundschaftsordnung, preußische P. 8.
Vormundschaftsrecht, Deutsches R. 47.

Waarenbezeichnungen R. 9, 22 b.
Waarenhaussteuergesetz P. 27.
Wald- und Wassergenossenschaft P. 34.
Waldschutzgesetz S. 24.
Wandergewerbebetrieb P. 34.
Wechselordnung R. 5.
Wechselstempelsteuergesetz R. 5.
Weingesetz R. 9, 54, 64, 65.
Werthpapiere, Depotgesetz R. 40.
Wettbewerbes, Bekämpfung des unlauteren R. 9, 37.
Wildschadengesetz S. 23.
Wild-Schonzeit P. 34.
Wuchergesetz R. 2.

Zwangserziehung R. 47.
Zwangsversteigerung an Immobilien R. 43.
Zwangsvollstreckungsgesetz R. 43.

FSC
www.fsc.org
MIX
Papier | Fördert
gute Waldnutzung
FSC® C083411

Kolibri 360 GmbH
Ferdinand-Jühlke-Straße 7
99095 Erfurt, Deutschland
produktsicherheit@kolibri360.de